Christian Peter

It Depends
on the Ands

Bibliografische Information der Deutschen Nationalbibliothek:
Die Deutsche Nationalbibliothek verzeichnet diese Publikation in der
Deutschen Nationalbibliografie; detaillierte bibliografische Daten sind
im Internet über http://dnb.dnb.de abrufbar.

© 2020 Christian Peter

Korrektorat und Lektorat:
Deutsches Lektorenbüro, Karmelitenstraße 9, 97070 Würzburg
Verlag und Druck: tredition GmbH, Halenreie 42, 22359 Hamburg
978-3-347-08094-2 (Paperback)
978-3-347-08027-0 (Hardcover)
978-3-347-20909-1 (E-Book)

Christian Peter

Kundenfokus

It Depends on the Ands

42 Prinzipien für erfolgreiche Digitalisierungsprojekte

www.itdependsontheands.com

Die Inhalte stellen die persönliche Sichtweise des Autors dar. Rückschlüsse auf Situation, Inhalte und gewähltes Vorgehen bei Auftrags- und Arbeitgebern sind somit nicht möglich.

Im Interesse einer besseren Lesbarkeit wurde auf eine laufende geschlechtsspezifische Beschreibung verzichtet.

Im Interesse einer besseren Lesbarkeit wird der Begriff »Projekte« für jedwedes Vorhaben verwendet, unabhängig von der jeweiligen Realisierungsweise.

Inhaltsverzeichnis

Vorwort	8
Kick-off	15
Die richtige Einstellung	18
1. Maschine ersetzt Herz	20
2. Ist Digitalisierung philosophisch?	26
3. Ambidextrie	30
4. Analytik reicht nicht, um zu gewinnen	35
5. Stärken ausbauen/Schwächen reduzieren	44
6. Das Mantra der Schnelligkeit	53
7. Ohne Ziel ist auch der Weg egal	57
8. Wer ist »der Kunde«?	61
Die richtigen Partner	66
9. Der richtige Lösungsanbieter	69
10. Betrieb können & eine Vision haben	76
11. Die passgenaue Lösung	79
12. Der Antrieb unserer Partner	82
13. Externe Ressourcen im Projektgeschäft	86
14. 1+1=1+1 oder 1+1=2	88
Die »richtigen« Menschen	92
15. Überzeugungstäter	95
16. Helikopter-Manager	98
17. Strategie im Warenkorb	100
18. Radar, Fadenkreuz und Lupe	106
19. Dialog ist bidirektional	110
20. Empathisches Interesse an der Kundenmeinung	115
21. Experten, die mitgestalten *wollen*	119

Die richtigen Themen   **124**
   22. Regelbasierte Kundenansprachen   127
   23. Events oder Data-Mining   129
   24. Nutzung von Artificial Intelligence   134
   25. Klasse statt Masse   138
   26. Im Unternehmen gewachsene Kanäle   141
   27. Der *richtige* Kanal   146
   28. Die Kraft der KPI   151
   29. Der gute, reine und wahre KPI   157
   30. Live-Tracking = Live-Erfolg?   161

Das richtige Vorgehen   **166**
   31. Agilität   169
   32. Geschwindigkeit   172
   33. Erste Wirksamkeit   177
   34. Kontrollierte Innovationen   180
   35. Pour le plaisir – Kommunikation mit Vergnügen   185
   36. Experten für Sprint und Marathon   190
   37. Relevanz und Fokussierung   194
   38. Das Hamsterrad   198
   39. Unsere Organisation liegt voll im Trend   201
   40. Worte prägen das Denken   208
   41. Alles im Griff   213
   42. Kollisionen vermeiden   218

Schlusswort   **220**

Danksagung   **225**

Stichwortverzeichnis   **226**

Kontakt   **231**

Vorwort

Wenn Sie ein Digitalisierungsprojekt angehen, verlassen Sie sich neben Ihrer eigenen Erfahrung und dem Kontext Ihres Unternehmens auch immer mehr auf externe Quellen. Das können Artikel, Bücher, Berater, Consultinghäuser und vieles mehr sein. Unzählige Bücher sind geschrieben, zahlreiche Whitepapers stehen zum Download bereit und auch jeder Lösungsanbieter hat nach seinen eigenen Angaben genau die Lösungen parat, die zu Ihrer Herausforderung passen. Natürlich viel besser als die Angebote anderer ...

Menschen, die Ihnen Hilfestellung und Unterstützung für Ihr Projekt anbieten, verfolgen dabei häufig erhebliche Eigeninteressen:

Consultinghäuser
Sie versprechen durch ihren soliden Namen eine fundierte Expertise. Irgendwo im Unternehmen mag diese auch vorhanden sein. Für Sie entscheidend ist jedoch, wer bei Ihnen das Projekt durchführt. Eine Truppe junger, frischer Absolventen mit geringer Projekterfahrung hilft Ihnen da nicht, wird aber immer wieder gerne angeboten. Doch nicht Sie sollten diese Personen ausbilden, vielmehr sollte Ihr Unternehmen eine hoch qualifizierte Beratung auf Basis umfangreichen Expertenwissens erhalten.

Lösungsanbieter
Sie sind auf ihre Lösungen fokussiert, was auch nachvollziehbar ist. Erstreckt sich der Bedarf Ihres Unternehmens auf andere als die angebotenen Bereiche, so sinkt die Chance einer Zusammenarbeit unmittelbar. Doch die im Presales eingesetzten Personen haben häufig eben Sales-Ziele und

keine Realisierungsambitionen. Aber woher wissen Sie, dass der Anbieter auch in der Implementierung und im After-Going-Live-Support die gleiche Qualität bietet wie im Presales?

Medien
Bewusst weit gefasst verstehe ich unter dem Begriff Medien alle Publikationen von Autoren, die nicht einer der beiden vorgenannten Gruppen angehören. Diese Publikationen zeichnen sich häufig durch eine der folgenden Tendenzen aus:

- sehr oberflächlich mit Allgemeinsätzen und Aussagen, die so allgemeingültig sind, dass man sich nicht an ihnen reiben kann. Doch durch die fehlende Tiefe entgeht man auch einer fachlichen Auseinandersetzung. Wo kein Standpunkt vertreten wird, ergibt sich kein Diskurs.
- sehr detailliert in Bezug auf ein Thema oder einen Ausschnitt, z. B. die Implementierung eines Chatbots zur Unterstützung eines konkreten Verkaufsprozesses in einem bestimmten Vertriebskanal. Interessant zu lesen und sicher von punktuellem Mehrwert, aber zur Lösung Ihrer Herausforderung trägt das nicht bei.

Was brauchen Sie?

Sie brauchen selbst einen umfassenden Blick, eigenes Urteilsvermögen, Zugriff auf alles und jeden, der Ihnen bei Ihren Entscheidungen von Nutzen sein kann, seien es Experten mit Erfahrung oder transparente Informationen ohne (versteckte) Eigeninteressen.

Deshalb habe ich dieses Buch geschrieben. Langatmige Ausführungen sind mir ein Graus. Mein Wunsch für Sie ist Fokussierung. Daher erhalten Sie mit diesem Buch ein Konzentrat: mit Fokus auf das, was relevant für Ihr Vorhaben ist. Ohne Redundanzen. Durch einen umfassenden Überblick möchte ich Sie bei Ihren Entscheidungen unterstützen. Abnehmen kann Ihnen diese Entscheidungen niemand. Versetzen Sie sich daher in die Lage, durch eingehende Betrachtung eigene Positionen zu erlangen, um auf dieser Basis die richtigen Entscheidungen treffen und vertreten zu können.

Was ist Ihr Startpunkt? Wo steht Ihr Unternehmen, wo stehen Ihre Führungskräfte? Ich nehme in den Fallbeispielen häufig Bezug auf Unternehmen, wie sie in der Praxis heute oftmals anzutreffen sind. Mag sein, dass es umfangreiche Lektüre gibt von »liquider Führung« über »Start-ups mit disruptiven Geschäftsmodellen«, »Artificial Intelligence for a new Customer Experience« und »66 Tasks für die Marktführerschaft in Ihrer Branche« bis hin zu fast esoterisch anmutenden Titeln wie »Selbstvertrauen ist der Anfang jeder Veränderung«. Alles spannende Themen – mir ist jedoch immer die Anschlussfähigkeit, das Andocken an das

»Heute« wichtig. Was helfen blumige Aussagen in einem isolierten Umfeld ohne Bezug zu den ganz konkreten Situationen, vor denen Sie in Ihrem Unternehmen stehen? Die Prinzipien sind somit praxiserprobt, aus der Praxis und im Austausch bewertet und können – wenn angewandt – zu direkter Veränderung, zu Erfolgen in Ihren konkret anstehenden Digitalisierungsprojekten führen.

Sie können das Buch sowohl von vorne beginnend lesen als auch einzelne Kapitel isoliert nach Ihren aktuellen Gedanken und Interessen. Letztendlich – und nicht überraschend – empfehle ich Ihnen jedoch, für einen umfassenden Blick alle Kapitel in der für Sie passenden Reihenfolge zu lesen. Dazu habe ich die einzelnen Kapitel in fünf Abschnitte strukturiert, sodass sich inhaltsnähere Kapitel auch räumlich näherstehen.

Die richtige Einstellung

Vor der Behandlung von Sachfragen gehen wir auf die richtige Einstellung, die richtige Haltung ein. Dieser Abschnitt ist noch losgelöst von fachlich konkreten Diskursen, die darin enthaltenen Überlegungen sind grundsätzlicher Natur und auch ohne Projektbezug bzw. deutlich vor Projektaufsatz elementar.

Die richtigen Partner

Ein absolut erfolgskritisches Thema ist die Auswahl und Entscheidung für Partner. Immerhin holen Sie hier Firmen und Menschen – und somit Meinungen und Einstellungen – in Ihr Unternehmen, wenn auch nur zeitweise. Wenn diese Partner nur schmückendes Beiwerk sind, wären sie vielleicht auch verzichtbar. Wenn Ihr Projekt erfolgreich ist, bleiben die positiven Spuren jedoch auch lange nach Projektende sichtbar. Im Fall des Scheiterns gilt Gleiches für die negativen Spuren.

Die »richtigen« Menschen

Hier setze ich das Wort »richtig« in Anführungszeichen. Es geht nicht darum, Menschen grundsätzlich zu bewerten oder sich ein Urteil über einzelne Personen zu erlauben. Das steht mir selbstverständlich nicht zu und ich maße es mir auch nicht an. Das Wort ist daher eher im Sinne von »für den Projekterfolg einer Kundenzentrierung passend, hilfreich und notwendig« zu verstehen. Denn Menschen sind Treiber eines jeden Projektes, ihre Unterschiedlichkeit ist Chance und Herausforderung zugleich. Kurzum: Wenn wir in der Außenbetrachtung natürlich immer den Kunden als »letzte Instanz« sehen und uns auf diesen hin ausrichten, so sollte die gleiche Konsequenz in der Innenschau auf die Menschen im Unternehmen oder im Projekt gelten. Auf deren Leidenschaft, Initiative, Unterstützungs- und Lösungswillen, Umsicht, Kraft, Kommunikationsbereitschaft – ich könnte noch deutlich mehr wichtige Eigenschaften aufführen – kommt es an.

Die richtigen Themen

Digitalisierung bietet so unendlich viele Themen zur Realisierung, daher beschränken wir uns in den Kapiteln dieses Abschnittes auf die wirklich relevanten Themen für eine erfolgreiche Kundenzentrierung. Wir trennen die Spreu vom Weizen und betrachten auch Trends und Trendbegriffe kritisch. Die genannten Beispiele sind bewusst aus unterschiedlichen Branchen gewählt, meist aus dem B2C-Umfeld. Sie ließen sich aber auch in abgewandelter Form auf B2B übertragen, denn letztendlich gilt es dort ebenso, Menschen für das eigene Unternehmen zu gewinnen.

Das richtige Vorgehen
Im Projektgeschäft treffen sich alle Facetten von der Vision über Strategie und Taktik bis zu konkreten Maßnahmen und Umsetzungsschritten. Wie passt das zusammen? Wie kann man als Verantwortlicher diese Komplexität beherrschen – oder zumindest nicht von ihr zermahlen werden? Ein erheblicher Anteil der Komplexität stammt aus internen Herausforderungen. Das Durchsteuern des Projektes kommt einem dabei ab und an nicht nur vor wie das Segeln gegen den Wind; manche Herausforderungen hören sich so an, als müsse man auf dem Kopf von Krokodilen ein Gewässer überwinden. Dieser Abschnitt gibt in allen Kapiteln konkrete Hilfen an die Hand, mit denen Sie die Erfolgswahrscheinlichkeit Ihres Projektes erhöhen können.

Ich wünsche Ihnen für Ihre Herausforderungen
viel Erfolg, aber auch Erfüllung und Freude.
Es ist ein wunderbares Gefühl, mit gelungenen
Digitalisierungsprojekten Menschen glücklich
zu machen. Sowohl Kunden als auch Mitarbeiter
in allen Funktionen.

Kick-off

Vor einiger Zeit war ich mit meinem Sohn zu Besuch in Erfurt. Es ist die Landeshauptstadt von Thüringen mit etwas über 205.000 Einwohnern und einer bezaubernden Altstadt. Ruhig schlängelt sich die Straßenbahn durch das Zentrum. Majestätisch thront der Dom über der Stadt. Die Gera fließt ruhig dahin. Familien, junge und ältere Menschen, Radfahrer, Kunden des Einzelhandels und Touristen beleben die Innenstadt. An einem Brunnen singt eine Straßenmusikantin mit einer Gitarre Lieder. Ihre klare Stimme ist bezaubernd, sie singt sehr gefühlvoll und leise, fast vorsichtig. Obwohl sie mit Emotion und Überzeugung singt, erreicht sie die Menschen nicht. Im Trubel nimmt man sie kaum wahr. Ein paar Hundert Meter entfernt steht ein weiterer Straßenmusiker. Er hat seine Gitarre an einen kleinen Verstärker angeschlossen und singt – wenn auch nicht immer richtig – spontan und laut. Jeder hört ihn, aber niemand hört ihm zu.

Wir besuchen den Dom, setzen uns an den Rand des Flusses und schauen dem Treiben der Menschen zu. Nach einem Imbiss und einer Erfrischung setzen wir unseren Erkundungsgang fort.

In Gedanken begleiten mich die beiden Straßenmusiker von vorhin. Vor keinem blieben Menschen stehen. Weder das eine noch das andere Angebot vermochte zu überzeugen oder zu fesseln. Das Angebot mit Emotion war zu leise und fand deswegen keine Beachtung; das Angebot mit dem Verstärker wurde zwar bemerkt, aber ebenfalls nicht beachtet. Dabei hatte jedes Angebot seine Stärken. Keines alleine konnte jedoch überzeugen.

Stellen wir uns einmal vor, die Straßenmusiker hätten sich zusammengetan und beide an einer Stelle musiziert. Gemeinsam, nicht abwechselnd. Es wäre ein ganz neues Angebot entstanden. Ein Angebot, das bemerkt wird, ein Angebot, was es so an anderer Stelle nicht gibt. Ein überlegenes Angebot, welches die Gewinnung von Aufmerksamkeit durch Lautstärke und die Begeisterung durch die gefühlvolle Stimme vereint hätte. Durch die Verbindung, durch das »UND« anstelle eines »Entweder – oder«, wäre ein gewinnendes Angebot entstanden.

Doch weshalb passiert das nicht? Würden sich die beiden zusammentun, könnten sie mehr Menschen erreichen, mehr Zuhörer gewinnen, und aus der Kombination, die sowohl Aufmerksamkeit schafft als auch gefühlvollen Vortrag bietet, ergäbe sich ein überlegenes Angebot.

Entfernen wir uns etwas von den Straßenmusikanten. Wer geübt ist in seinem Vorgehen und seinem Fach, weicht ungern davon ab. Wer keinen oder nur mäßigen Erfolg hat, sucht die Ursache gerne im Umfeld, welches die Leistung des Angebots nicht (ausreichend) zu schätzen weiß. Und wie schäbig und erniedrigend wäre es, müsste man sich eingestehen, dass der Fokus auf das Beherrschte, die Fachkenntnis nicht der allein erfolgsversprechende Faktor ist. Sind dagegen nicht diejenigen mutig, die ihre eigene, isolierte Leistung zugunsten eines besseren Ergebnisses in etwas Gemeinsames einbringen?

Neben der Perspektive der beiden Betroffenen selbst versetzen wir uns nun noch kurz in die Situation eines Stadtfestplaners, der – ohne selbst betroffen zu sein – das beste, wirkungsvollste Event für seine Besucher schaffen möchte. Auch er ist geprägt von eigenem Empfinden, von Selbsterlebtem. Er kann das eine oder das andere begrüßen. Sich für zwei Sichten, für zwei Perspektiven zugleich einzusetzen und ihre Stärken zu verbinden, ist komplizierter, aber es lohnt sich. Denn die Besucher dieses Stadtfestes werden ein überlegenes Angebot erleben, genießen und weiterempfehlen.

Die richtige Einstellung

Mit welcher Einstellung gehen Sie an ein Projekt heran? Wenn Sie zu den passiven Projektmitarbeitern gehörten, die ein Projekt über sich ergehen lassen, die Begeisterung der Verantwortlichen an sich vorbeifließen lassen – wenn Sie die Projektarbeit eher »erdulden« würden, dann hätten Sie sich nicht für dieses Buch entschieden.

Die Einstellung, die richtige Haltung mit dem Anspruch, Sie selbst möchten sich für Veränderung, für Projekterfolg, für Digitalisierung und für Kundenzentrierung einsetzen, ist der Anfang zum Erfolg. Die Kapitel dieses Abschnittes liegen noch vor dem konkreten Projektgeschehen, vor der Umsetzung, ja sogar vor den konkreten Projektzielen.

Es ist wie mit vielen anderen Dingen im Leben: Hausbau, Berufswunsch, Gründung einer Familie, Firmengründung usw. Immer sollte am Anfang eine Überzeugung für das Richtige stehen. Hineinzustolpern in etwas Neues, Unbekanntes mit doch teils erheblichen Auswirkungen, wäre unverantwortlich und auch ein unangemessener Umgang mit Ihren eigenen Ressourcen. Das bedeutet nicht, dass man alles bis ins Letzte durchdacht haben muss. Zu häufig ergeben sich Änderungen, stehen neue, zusätzliche Informationen erst später zur Verfügung. Aber ohne ein »Set« an Meinungen, an Einstellungen, ohne einen Kompass von Werten und Überzeugungen können Sie gravierende Inhalte und Standpunkte nicht überzeugend vertreten und werden leichter zum Spielball für die Interessen Dritter. Und wer will schon ein Spielball anderer sein?

1. Maschine ersetzt Herz

Digitalisierung ersetzt menschliche Interaktion. Digitalisierung verlagert Entscheidungen und Impulse vom Menschen zur Maschine. Digitalisierung ermöglicht beliebig skalierbare Mengen an Entscheidungen an beliebig vielen Interaktionspunkten für beliebig viele Kunden.

Das klingt so vielversprechend, dass man sich diesen Verfahren blind anvertrauen möchte. Doch dabei übersehen Technikgläubige nachlässigerweise schnell zwei Punkte:

- Jedwede maschinelle Aktion oder Reaktion wurde einmal durch einen menschlichen Impuls implementiert. Sei es das Upgrade beim Auslaufen des Datenkontingents im Mobilfunkvertrag oder die über Data-Mining erkannte Affinität für ein Upgrade der Kfz-Versicherung. Auch hier gaben Data Scientists den Impuls zur Untersuchung des Käuferverhaltens. Alle Regeln für die Ansprache oder Nichtansprache, auch für Bonitätseinschätzungen, haben ihren Ursprung in einer Bewertung und Einschätzung durch Menschen. Und selbst herzliche Grüße wie zum Geburtstag führt zwar ein Dialogsystem aus, jedoch nicht auf eigenen Impuls hin, sondern in der Ausführung durch Menschen initiiert.

- Menschlich empathische Kommunikation lässt sich nicht durch eine Maschine ersetzen. Stellen Sie sich folgende Erlebnisse vor:
  - Sie betreten bei Regen ein Bekleidungsgeschäft und schütteln Ihren Schirm aus. Ein Angestellter begrüßt Sie freundlich, dankt für Ihren Besuch trotz des Wetters und nimmt Ihnen den Schirm ab.
  - Sie kommen nach zwei Jahren erstmalig wieder zu Ihrem Zahnarzt und er erkundigt sich, was Ihr Sohn zurzeit macht, da er beim letzten Besuch kurz vor dem Schulabschluss stand.
  - Bei der Beratung zu einem Schuhkauf macht Ihnen die Verkäuferin ein Kompliment zum Stil Ihrer Kleidung.
  - Beim Verlassen einer Arztpraxis werden Sie mit einem aufrichtigen »Gute Besserung. Ich wünsche Ihnen alles erdenklich Gute. Melden Sie sich gern in ein paar Tagen noch mal« verabschiedet.
  - Eine Großmutter ruft ihre Enkelin nach Rückkehr von einer Familienreise an, um sich zu erkundigen, was sie alles erlebt hat.

Das alles sind Punkte, die man mit hohem technischen Aufwand auch implementieren könnte, z. B. mit Ausgabe auf Smartphones oder per Screens/Lautsprecheransagen. Aber Sie zögern bereits beim Lesen und wir sind uns sicher einig: Es hat dann in keiner Weise mehr die Wirkung wie in der direkten Kommunikation von Mensch zu Mensch. Woran liegt das? Der Inhalt und der Moment ließen sich vielleicht noch zur Technik migrieren, aber das Mitfühlen des jeweils anderen bliebe auf der Strecke. Genau das, was diese Momente so besonders und eindrücklich macht.

Menschliche Empathie und digital optimierte Analytik zusammenzubringen, ist eine Kunst. Nur wenige Firmen können hieraus einen Mehrwert schaffen. Es bedarf gut integrierter Analytik und auch Menschen, die im direkten Kundenkontakt stehen. Empathie ohne persönlichen Kundenkontakt wäre ein Meisterstück.

Manche Versuche scheitern kläglich. Wenn mein Kabel-TV-Unternehmen mich telefonisch kontaktiert und in der ersten Minute die tiefe Verbundenheit und Dankbarkeit für meine langjährige Kundentreue geradezu zelebriert wird, keimt bereits der Verdacht eines Cross-Selling-Anrufes auf. Dieser Verdacht findet seine Bestätigung in dem Hinweis, dass man so treuen Kunden etwas ganz Besonderes anbieten möchte. Deshalb – und darin kulminiert der Sprechzettel des Agenten – könne ich ein tolles Angebot für einen anderen Stromtarif erhalten.

Keine Digitalisierung, keine Analytik, keinerlei Bedarfserhebung. Nur ein einfacher Filter im Kundenbestand und oberflächlicher Inhalt unter dem Deckmantel einer persönlichen Beziehung lassen diesen Kontaktpunkt für mich als Kunden zu einem grauenhaften Erlebnis werden. Sie können sich sicher vorstellen, dass ich nie mehr auf die Idee käme, die Geschäftsbeziehung zu diesem Unternehmen zu intensivieren, geschweige denn Cross-Selling zu anderen Branchen abzuschließen.

Und noch ein zweites Beispiel: Sie erinnern sich bestimmt an die zahllosen E-Mails zu Beginn des Lockdowns wegen der Corona-Pandemie, in deren Einleitung stets aufgeführt wurde, dass die Gesundheit von Mitarbeitern und Kunden natürlich an oberster Stelle stehe und daher die Filialen aktuell geschlossen seien. Immer endeten diese E-Mails mit dem Hinweis, der Onlineshop sei selbstverständlich weiter geöffnet. Natürlich ist es logisch und nachvollziehbar, dass man bei geschlossenen Filialen auf den Onlineshop verweist. Nach behördlicher Anordnung der Ladenschließung die E-Mail weiter mit »Ihre Gesundheit ist uns wichtig« zu beginnen, offenbart jedoch, dass die empathisch anmutende Sorge um unsere Gesundheit eben nur eine Floskel darstellt, aber keine eigene Überzeugung. Neben mehreren Dutzend derartiger E-Mails hat mich eine Mail positiv überrascht. Ein Dienstleister, der seine Produkte auch online oder per Telefon- bzw. E-Mail-Beratung vertreibt, informierte seine Kunden sehr frühzeitig, dass derzeit mit Einschränkungen seiner Services zu rechnen sei, dass aber aktuell die Gesundheit und Unversehrtheit aller Vorrang habe. Der Kunde möge verzögerte Antworten daher entschuldigen, verbunden mit dem Hinweis und dem Wunsch, er möge gesund bleiben. Punkt. Und dass genau nach diesem Punkt nichts mehr kam, war die Stärke dieser E-Mail.

Diese Beispiele sind Beleg dafür, wie einfach es ist, Dinge grundsätzlich falsch zu machen. Digitalisierung beschädigt in diesen Fällen die Kundenbeziehung, obwohl sie genau das Gegenteil erreichen möchte. Prüfen Sie einmal Digitalisierungsprojekte in Ihrem Umfeld daraufhin, ob sie ein

»Weniger« an Kommunikation in Richtung Kunde im Blick haben. Und ob sie auch ein »Mehr« an Zuhören im Blick haben. Beides lässt sich durch Digitalisierung unterstützen und beides sind Eigenschaften, die menschliche Kommunikation auf ein höheres, besseres Level heben können. Mehr Relevanz für den Kunden kann auch bedeuten, weniger nicht Relevantes zu kommunizieren. Digitalisierung selbst ist hier nur ein Werkzeug. Die Kunst liegt im richtigen Umgang mit ihr. Skalierung als solche ist kein Kundenvorteil, sie läuft im Hintergrund ab. Nicht »das beste Tool« gewinnt, sondern die kundenzentrierteste Anwendung. Nicht die effektivste Rationalisierung mit der höchsten Reduktion von Personalkosten macht das Rennen, sondern die überlegen positive Wirkung beim Kunden.

Ein Gedanke zum Schluss dieses Kapitels: Erst wenn alle Digitalisierungsprojekte umgesetzt sind, wenn alle technischen Finessen implementiert sind, wenn alle Prozesse in Echtzeit automatisiert sind, werden wir feststellen, dass der persönliche Kundenkontakt, der Blick in die Augen und der empathische Dialog nicht ersetzbar sind.

Bewahren, sichern und pflegen Sie diesen persönlichen Kontakt in Ihrem Unternehmen. Wer diese Kontakte beherrscht und sie dennoch auf ein »notwendiges Minimum« reduziert, darf sich keine weiteren Fehler erlauben. Dem Menschen als Partner sieht man eher etwas nach. Der Maschine niemals. Man tauscht sie einfach aus. Kunden sollten das nicht mit Ihrem Unternehmen tun.

*Niemals kann eine Maschine
das Herz ersetzen.*

*Entscheidend für eine empathische
Kommunikation ist ihr Ursprung
im menschlichen Impuls UND die lediglich
unterstützende Ausführung durch
Technik & Maschine.*

2. Ist Digitalisierung philosophisch?

Lesen wir einen Beitrag oder eine Abhandlung über Digitalisierung, so werden im Wesentlichen immer deren technische Ausprägung und ihr zunehmender Breiteneinfluss beleuchtet. »Digitalisierungsprojekte« als solche bezeichnen in der Regel ein Bouquet von Vorteilen, die sich aus konkret einem Projekt ergeben sollen, und dies durch den Einsatz von Technik.

Ein immer wieder gern – und aus meiner persönlichen Sicht deutlich zu häufig – eingesetztes Bild zeigt die Besuchermengen bei der Papstwahl 2005 sowie 2013. Das Foto ist aus einer hinteren Perspektive aufgenommen, sodass man eine große Besuchermenge vor sich sieht. 2005 nur Köpfe, 2013 überwiegend Hände mit den hellen Displays fotografierender Smartphones. Derartige Darstellungen für Digitalisierung verkürzen die zu betrachtenden Aspekte auf ein nicht zulässiges Minimum. Sie zeigen uns lediglich, dass eine 2005 noch seltene Technik sich bis 2013 stark verbreitet hat: gut zu transportierende Fotokameras in Union mit Mobiltelefonen, sodass es nur noch eines Gerätes bedarf; eine gute Möglichkeit, auch bei Dämmerung zu brauchbaren Fotos zu gelangen. Das ist der technische Aspekt, den der Fotovergleich optisch eindrucksvoll belegt. Nicht mehr. Und nun? Dieser Fotovergleich wird häufig zu Beginn von Präsentationen für einen ersten Wow-Effekt eingesetzt, man gewinnt so recht leicht Interesse für das Folgende.

Doch leider wird in der Regel im Folgenden etwas ganz anderes zur Digitalisierung dargestellt, der Fotovergleich ist ein »Aufhänger« ohne Bezug. Achten Sie einmal darauf, wenn er Ihnen das nächste Mal über den Weg läuft ... Es fehlt

- die Wahrnehmung des besonderen Augenblicks
- das Gefühl für die unvergleichliche Stimmungslage
- die Sichtbehinderung für alle dahinterstehenden Menschen
- der Ausschluss all jener, die sich ein solches Gerät nicht leisten können
- die Möglichkeit, auch Kranke und nicht mobile Menschen im Anschluss an dem Ereignis teilhaben zu lassen
- die Weitergabe des Erlebnisses an Kinder und Enkel
- die Bedeutung, mit der Weitergabe auch klar zu bekennen: »Ich war dabei«
- die Echtzeitverfügbarkeit dieses Ereignisses bis in die entlegensten Winkel der Welt
- usw.

Ich wähle diese etwas längere Einleitung, um zu verdeutlichen, dass Digitalisierung eben nie eine nur technisch begrenzte Auswirkung hat, sondern jedes Vorhaben auch »darüber hinaus« bedacht, durchdacht und gewollt werden muss. Digitalisierung ist kein Selbstzweck. Ein sauberer Roll-out alleine ist kein Gewinn – weder für das Unternehmen noch für seine Kunden. Was ist also die Philosophie Ihrer Digitalisierung?

- Hebt sie eine besondere Stärke Ihres Unternehmens gegenüber dem Wettbewerb positiv heraus?
- Reduziert sie eine Schwäche Ihres Unternehmens?
- Hat der Kunde aus seiner (!) Sicht daraus einen Vorteil, den er bei Mitbewerbern nicht hat?
- Setzen Sie damit Potenziale interner Ressourcen kreativ für Weiterentwicklung frei, die sonst durch betriebsnahe und/oder wiederkehrende Themen gebunden wären?
- Sieht Ihre Vertriebsmannschaft Vorteile für sich selbst?
- Schaffen Sie damit eine positive ökonomische Wirkung für Ihr Unternehmen?
- Ist eine Vergrößerung dieser ökonomischen Wirkung ohne gleichermaßen steigende Budgets und Ressourcenbedarfe möglich?

Wenn Sie alle Fragen mit »Ja« beantworten konnten, exzellent. Wenn Sie alle Fragen mit »Nein« beantworten mussten, wird Ihr Digitalisierungsvorhaben keine nachhaltig positive Wirkung entfalten. Die Beantwortung der Frage klingt so einfach.

Komplex wird es nun, wenn Sie, wie vermutlich die meisten Leser, noch nicht überall mit »Ja« antworten konnten oder wenn Sie an sich den Anspruch haben, alle Fragen bei Ende Ihres Vorhabens mit »Ja« beantworten zu können.

Erstellen Sie eine Substanz- und Wirkungstabelle mit den Fragen in Spalte 1 sowie der aktuell gültigen Antwort mit Beschreibung/Darlegung in Spalte 2. Nun können Sie die mit »Nein« beantworteten Fragen erneut durchgehen. Dort sollte Ihr Fokus darauf liegen: Was müsste geschehen, was müsste im Projektaufsatz, -scope oder -vorgehen geändert werden, damit man auch diese Fragen mit »Ja« beantworten kann?

Die Beschreibung und Darlegung der so mit »Ja« beantworteten Fragen gibt Ihnen übrigens auch im gesamten Verlauf Ihres Vorhabens eine Orientierung, die Sie immer wieder zur Hand nehmen können. Bei Budgetkürzungen, bei Änderungen des Scopes, bei allen eintretenden Störfaktoren geben sie Ihnen gute Argumentationslinien an die Hand.

Passen Philosophie und Technik zusammen, so ergibt sich eine inhaltliche Kraft weit über die IT-Aspekte der Digitalisierung hinaus.

Kein Digitalisierungsvorhaben trägt sich alleine durch technische Errungenschaften.

Entscheidend für substanzielle Digitalisierung ist das Ausnutzen technischer Möglichkeiten UND ein dazu passender, philosophisch tragfähiger Untergrund.

---

3. Ambidextrie

Ursprünglich kommt der Begriff Ambidextrie aus der Medizin und steht für Beidhändigkeit. Im unternehmerischen Kontext steht er für Organisationsformen, die im übertragenen Sinne beidhändig arbeiten: Sie können sowohl Bestehendes optimieren und zugleich auch Neues erforschen. Im Englischen spricht man von »exploit« und »explore«.

Der gelegentlich vertretenen Auffassung, es ginge bei Ambidextrie um die Effizienz heute und die Anpassungsfähigkeit bei externen Veränderungen, schließe ich mich nicht an: Der Ausdruck der Anpassungsfähigkeit hat einen hohen passiven Anteil. Die Veränderung erfolgt von extern, und erst auf diesen Druck hin entstehen die Bereitschaft und die Einsicht in die Notwendigkeit, sich anzupassen. Daher meine Ablehnung.

Bestehendes zu optimieren, es optimal zu nutzen, ist aus ökonomischer Sicht unverzichtbar. Die Startinvestitionen sind geleistet, eventuell bereits amortisiert, die Projektergebnisse – ob Produkte oder Dienstleistungen – sind aktiv im Einsatz, Ressourcen sind nicht mehr über die Maßen gebunden, sodass Einnahmen die Kosten hierein übersteigen. Diese ökonomischen Vorteile möchte man gerne fortschreiben und maximieren. Selbst das Bewahren von Erfolgen ist jedoch keine Selbstverständlichkeit, auch wenn es so klingt. Märkte, Kunden, Erwartungen, Mitbewerber und noch vieles andere kann sich ändern, sodass es einer achtsamen Pflege und einer umsichtigen Außenschau bedarf. Die Optimierung benötigt absolute Experten mit komplettem Detail- und Hintergrundwissen, um sowohl den Status quo zu verstehen als auch mögliche Ansatzpunkte zu identifizieren. Derartige Verbesserungen sind oft so marginal, dass sie im ersten Moment nicht sonderlich relevant erscheinen. Ihre Wirkung sollte daher auch sauber mit dem unveränderten Stand verglichen werden. Verbesserungen sind nahezu immer möglich: Steht das Preisschild über oder unter der Ware, liegt der Rücksendezettel auf oder unter dem Lieferschein, werden bei der Erstellung eines Mining-Modells bestimmte Berufsgruppen vor oder nach der Modellerstellung abgezogen, liegen zwischen dem Beschwerdeeingang und der Eingangsbestätigung mehr oder weniger als 24 Stunden, führt ein Angebot mit komplexer Darstellung der Preisstruktur eher zur Akzeptanz oder zu Rückfragen? Diese Reihung ließe sich beliebig fortsetzen. Somit ist klar, für das Optimieren bedarf es ebenso gewisser Ressourcen wie für das Projektgeschäft, also für das Erforschen.

Die Optimierung ist eben mehr als das reine Bewahren und Fortführen des Status quo. Ohne dieses Verständnis würden Unternehmen ihre Ressourcen immer wieder nur in Neues investieren, ohne dem Geschaffenen ein ausreichendes Chancenfenster der Optimierung zu geben. Diese Gefahr sehe ich im produzierenden Gewerbe mit seinen hohen Forschungs- und Entwicklungskosten nicht. Dort ist der Optimierungsgedanke (ich erinnere an die Automobilindustrie) in Teilen eher zu ausgeprägt vorhanden. Im Dienstleistungssektor wird jedoch eine Schnell*lebigkeit* im Sinne einer Kurz*atmigkeit* gelebt, sodass sich Projekterfolge nur verkürzt niederschlagen können.

Und jetzt kommen wir zu der absoluten Herausforderung: Wer für Neues Ressourcen beanspruchen will und Aufmerksamkeit auf sein Vorhaben ziehen möchte, tut sich doch so leicht, wenn er nur ausreichend intensiv die bisherigen Verfahren und Projektergebnisse als unzureichend darstellt und alles Neue als strahlende Erlösung und als *die* Lösung für die Herausforderungen des Unternehmens anpreist. Gerade jedoch durch eine solche polarisierende Darstellung wird die Bedeutung des Optimierens in fahrlässiger Weise kleingeredet. Darauf sollte sich das Unternehmen nicht einlassen. Aufgeschlossenheit für Neues ist wunderbar, sofern sie sich *nicht* als Ablehnung des bisher Erreichten definiert.

Welche Einstellung tragen die Menschen in sich, die entweder für »exploit« oder für »explore« stehen? Ersteres ist mühselig und langwierig; es kennt kein Projektende, ist ein dauernder Prozess. Hier eingesetzte Menschen brauchen eine intrinsische Motivation, die nicht abhängig ist von der laufenden Anerkennung von außen. Gleichwohl lässt sich die Attraktivität und Bedeutung dieses Profils durch beständige Kommunikation auch kleiner Veränderungen und Optimierungserfolge steigern. Im Gegensatz dazu ist der »Explore«-Typus nicht an die Gegenwart gebunden; er ist häufig extrovertierter und überzeugt durch seine visionäre Art, Herausforderungen als Chance zur Gestaltung zu begreifen. Grenzen sollten ausgetestet oder überschritten werden, Bisheriges nicht als feststehender Denkrahmen gelten.

Gefährlich sind »Exploit«-Typen, die jede Veränderung ablehnen und ausschließlich bewahren wollen. Gefährlich sind »Explorer«, die sich nie einem substanziellen Erfolg verpflichtet fühlen. Wirklich dem Unternehmenserfolg verpflichtete Persönlichkeiten bringen ihre persönlichen Stärken in eine der beiden Facetten ein und sehen dabei beide Teile als erfolgskritisch für das Reüssieren des Unternehmens an. Sie ermöglichen dem Unternehmen durch ihre Einstellung, Haltung sowie Denk- und Arbeitsweise Ambidextrie.

Das Spannungsfeld zwischen »exploit« und »explore« haben wir nun aus dem Blickpunkt der Aktivitäten, aus der Sicht von »Gestaltern« betrachtet. Es gibt auch Stimmen, die fordern, ein Unternehmen müsse Resilienz aufbauen, um mit den Anforderungen der Digitalisierung umgehen zu können. Ein interessanter Gedanke. Die mit Resilienz beschriebene Widerstandsfähigkeit, Unbill und außergewöhnlichen Belastungen mit geeigneten Mitteln zu begegnen, klingt im ersten Moment nachvollziehbar. Schäden sollen vermieden werden. Durch souveränen Umgang und Ressourcenschonung, so heißt es, sei eine Wiederherstellung schneller und erfolgreicher abgeschlossen. Aus meiner Sicht wirkt dieser Vergleich nicht ausreichend überzeugend. Denn Resilienz beschreibt, vor einer Krisensituation etwas aufgebaut zu haben, das einem unmittelbar in der Krise hilft, besser mit ihr umzugehen und zum Status quo zurückzukehren. Jedoch steht eine Verbesserung aus dieser Krisensituation heraus, eine Stärkung und überlegene Entwicklung nach dem Durchstehen der Krise, nicht im Fokus dieser Betrachtung. Somit ist ein Unternehmen durch Resilienz mit Sicherheit widerstandsfähiger und souveräner im Umgang mit Krisen – über die Fähigkeit, Digitalisierungschancen erfolgreich zu ergreifen und dabei Bestehendes nicht zu negieren, sagt dies jedoch nichts aus.

Die Kunst besteht in der Gleichzeitigkeit und der Achtsamkeit, »exploit« nicht als reines »Bewahren« zu betreiben.

Entscheidend für eine erfolgreiche Organisation ist das Anerkennen, ja Fördern der Optimierung von Bestehendem UND des Erforschens von Unbekanntem.

---

4. Analytik reicht nicht, um zu gewinnen

Analytik ist ein weites Feld. Es spannt sich auf von der regelbasierten Ansprache über eventbasiertes Marketing hin zu Data-Mining-Methoden zur Optimierung der Vorhersage von Abschlusswahrscheinlichkeiten oder anderem Zielverhalten. Was all diesen Feldern gemein ist, ist die Verwendung von Daten als Treiber. Dass Daten das neue Gold sind, haben wir ja nun schon oft genug gehört. Packen wir zu den Daten und der Analytik noch die immer ausgefeiltere Technologie dazu, haben wir ein beeindruckendes Feld rund um Customer Intelligence. Keine Limits in der Menge, der Geschwindigkeit, den Verarbeitungszyklen. Die Quantität scheint uferlos steigerbar, die Qualität wird mit immer komplexeren Methoden optimiert, teils im Bereich von Nachkommastellen. Die Belege für den Erfolg dieser Arbeiten werden in unterschiedlichsten Kennziffern für die Prognosegüte von Data-Mining-Modellen gemessen, in Millisekunden oder in Uplifts teils nach einzelnen Kanälen.

Diese Optimierungen *scheinen* auch die Kunden zu (be)treffen, denn ihnen werden immer bessere »Next Best Offers« präsentiert und für sie werden immer individuellere »Customer Journeys« entwickelt – zumindest in der Theorie.

Doch kann Analytik ohne den Menschen ihre Wirkung zur Geltung bringen? Und wer ist in diesem Zusammenhang der Mensch?

Mitarbeiter in der zentralen Analytik
Wir verorten die Analytik hier einmal im Marketing. Weshalb, dazu mehr zwei Absätze weiter. Im bisherigen Marketing war Kreativität entscheidend für den Erfolg. Gleich ob die Leistungen über Positionierung, Werbemittel, Bildsprache, Ausgestaltung, Kundeninteraktion, Vorgaben für Printmedien etc. inhouse verantwortet und betreut wurden oder ob diese Leistungen im Wesentlichen extern eingekauft werden. Böse Zungen würden behaupten, das Marketing sei stets etwas entrückt, mit etwas weniger Bodenhaftung und leider auch mit weniger Substanz.

Das reicht heute nicht mehr. Sehen wir die enormen technischen Möglichkeiten, verbunden mit den Anforderungen, sich sachgerecht mit ihnen auseinanderzusetzen, fällt auf, dass die Technik alleine keinerlei Erfolge verzeichnen wird. Wer schlägt die Brücke zwischen Analytik und Marketing, zwischen Technik und Mensch, zwischen Bits und Bytes auf der einen Seite und Emotionen auf der anderen Seite? Es sind die Menschen, die man nur unzureichend als »Experten« beschreiben kann, denn sie müssen die menschenwirksame Umsetzung dieser enormen Möglichkeiten sicherstellen, bestmöglich ausgestalten und mit einem menschlichen Antlitz versehen. Sonst bleibt Datenmanagement eine Datenkrake, Analytik eine heiß laufende Maschine und Leads ein Feuerwerk an schnell verglühenden Impulsen.

Weshalb ordne ich diesen Block der zentralen Analytik überhaupt dem Marketing zu? Weil sie dort den höchsten Wertbeitrag liefert. Das kann sie nicht entfernt vom Businessproblem in einem Analyselabor, aber auch nicht mit Ausschnittswissen in einem Kanal – ebenso wenig wie in einzelnen Produktfeldern. Denn all das wäre nicht kundenzentriert.

Vertreter beteiligter Einheiten der Zentrale
Unter Einheiten der Zentrale – außerhalb der Analytik – verstehe ich alle Einheiten, deren Ergebnisse letztlich vertriebswirksam beim Kunden anlanden und die keine rein interne Funktion haben, wie z. B. Finance, Operation oder HR. Und in ausnahmslos all diesen Einheiten kann sich Digitalisierung positiv entfalten. Im Zielgruppenmanagement kann Digitalisierung Beratungsprozesse optimieren, im Onlinekanal lassen sich für Bestandskunden sowohl Vorbelegungen vorab individuell bereitstellen als auch Empfehlungen analytisch vorhalten, bei der Produktgestaltung können modulare Angebote auf Basis einzelner in der Vergangenheit vom Kunden gewählter Touchpoints unterbreitet werden. So weit die Vorteile. Digitalisierung kann jedoch auch Nachteile für solche Einheiten darstellen: Wurden bislang erhebliche Ressourcen für eine analytische Bewertung und Einordnung des Kundenbestands aufgewendet, z. B. für die Unterteilung in Kundensegmente oder auch für die Gruppierung der Kunden nach typischen Merkmalskombinationen in Abhängigkeit von Lebenssituation, Bedürfnislage und Einstellung zu sogenannten Personas, werden die Ressourcen in diesem Umfang nicht mehr benötigt, langwierige Vorausplanung und die Aggregation in Kampagnenplänen sind nicht mehr notwendig. Denkweisen müssen angepasst, ggf. ausgetauscht werden. Auch Planungssicherheit für das Management besteht zuneh-

mend weniger. Sich wirklich um den Kunden zu kümmern, bedeutet, weniger seinen Bauch zu befragen, weniger »einfach« eine Roadmap an Aktivitäten für das Jahr planen zu können, sondern sich immer mehr auf die Analytik und die laufend wechselnden Kundenbedürfnisse einzustellen.

Überschlagen Sie für Ihr Unternehmen einmal den Ressourceneinsatz, der sich mit dem »Wer informiert wen wann über welche Vertriebsaktivität?« und »Wie werden Vertriebsaktivitäten geplant, kommuniziert und in Zeitscheiben vorausgeplant?« befasst. Ein enormer Aufwand, der deutlich reduziert wird, wenn alleine der erhobene, vermutete oder aufgenommene Kundenbedarf über die Aktivitäten entscheidet.

Die hier involvierten Führungskräfte und Mitarbeiter mitzunehmen zu einem sinnstiftenden, kundenzentrierten Arbeiten, ist eine große Herausforderung. Gelingt das nicht, besteht ein fortdauernder, nicht zu unterschätzender Widerstand, der sowohl die künftige Entwicklung bremst als auch dauerhaft Ressourcen für seine Reduktion bindet.

Vertriebsmitarbeiter im Kundenkontakt

Was macht ein echter Vertriebler am liebsten? Er ist im direkten Kontakt mit seinen Kunden. Alles andere sollte zweitrangig sein. Kennen Sie das meistgenannte Argument bei Vertriebserfolgen unterhalb der Erwartungen? Die Antwort lautet: »zu viel Administration und Abwicklungsarbeiten vor und nach dem Kundenkontakt«.

Zwischen diesen beiden Polen liegt die Auseinandersetzung mit folgenden Fragen:

- Welchen meiner Kunden kontaktiere ich als nächsten?
- Gibt es Themen, die mir vertrieblich leichtfallen?
- Wie ist mein Portfolio strukturiert?
- Kann ich mein Portfolio für mich strukturieren?
- Welche Kunden haben sich in der Vergangenheit am besten entwickelt?
- Kann ich vergleichbare Kunden mit vergleichbaren Bedürfnissen in meinem Portfolio finden?

So werden Manntage in die Auseinandersetzung mit dem eigenen Portfolio gesteckt. Je aufwendiger das operative CRM-System ausgestaltet ist, umso granularer und moderner lassen sich Segmente, Subsegmente, einzelne Stufen im Vertriebskanal und Share-of-Wallets einzelner Kunden oder Kundengruppen betrachten. Auch hier erfolgt also eine enorme Einbindung der Vertriebsmitarbeiter in die Auswahl, Ausgestaltung der Ansprache und Priorisierung der Aktivitäten. Die hier auf Basis von Expertenschätzungen und eigenen Erfahrungen getroffenen Entscheidungen sind hochindividuell und wären von anderen Personen am gleichen Einsatzort anders getroffen worden.

Und nun kommt die Digitalisierung, gibt den Takt im Vertrieb vor, priorisiert, kanalisiert, vervollständigt Touchpoints, fasst an Kontaktpunkten außerhalb des Gestaltungsbereichs der Vertriebsmitarbeiter in anderen Kanälen nach. Das muss fast zwangsläufig zu einer Gegenreaktion führen. Zumal das Digitalisierungsprojekt von Menschen weit entfernt erdacht und realisiert wurde, entweder räumlich bzw. geografisch entfernt oder gedanklich entfernt – meist in einer Kombination aus mehreren Faktoren.

Auch hier braucht es einen langen Atem. Nur durch das Aufzeigen von konkreten, nachweisbaren, greifbaren Vorteilen in einer für die betroffenen Mitarbeiter wirksamen »Währung«, z. B. einer gesteigerten Zahl von Abschlüssen, geringerer Vorbereitungszeit für Kundentermine etc., kann diese Ablehnung überwunden werden. Geben Sie sich dabei nicht der Illusion hin, diese Kommunikation könne zentral gesteuert werden. Es bieten sich eher Best-Practice-Sessions an, bei denen von Vertrieb zu Vertrieb gesprochen wird. Die Glaubwürdigkeit bereits selbst erfahrener Vorteile aus dem Mund anderer Vertriebler ist entscheidend dafür, die Vertriebsmannschaft tatsächlich für das Thema zu gewinnen. Im Idealfall ist die Nutzung Ihrer Projektergebnisse so selbstverständlich wie die Verwendung des Telefons.

Führungskräfte Vertrieb ohne Kundenkontakt
Hier gelten zunächst alle Ausführungen sinngemäß. Hinzu kommt jedoch eine weitere Komplexität. Die Führungskräfte im Vertrieb stehen genau *zwischen* der digitalisierenden Zentrale und ihren eigenen Mitarbeitern am Point of Sale.

- Risiko 1:
  In einer Fraternisierung und eventuell falsch gefühlten Verantwortung für die eigene Vertriebsmannschaft wird eine ablehnende Haltung, mindestens aber eine ausgeprägte Distanz durch die Hierarchien nach oben getragen.

- Risiko 2:
  In Roll-out- und Informationsveranstaltungen wird nach außen ein Interesse und eine Aufgeschlossenheit dargestellt, die sich im anschließenden Tagesgeschäft als zu optimistisch erweist.

- Risiko 3:
  Das fehlende Know-how dieses Personenkreises zu Digitalisierungsthemen entwickelt sich zu einer Kluft, die eine zentrale oder kaskadierende Information nicht überbrücken kann. Es soll ja Führungskräfte geben, die bei der Darstellung von Datenschichten in den Ebenen Datenbank, Extraktion, Layer, Business Rules, Reporting-Oberfläche fragen, »ob sie auch so eine schöne Datenbank für sich bekommen könnten ...« Schade.

- Risiko 4:
  Gerade in dieser Funktion sind Äußerungen wie »Wir legen in unserem Vertriebsgebiet in den nächsten Wochen einen Fokus auf Y« oder »Das Thema X spielen wir im Mai nicht so stark« an der Tagesordnung. Solche Aussagen geben dem Geschehen im Vertrieb eine suggerierte Plan- und Steuerbarkeit. Feldherrenartig wird über Material- und Ressourceneinsatz entschieden. Vertrieb wird als taktischer Feldzug verstanden. Für mich ist Vertrieb im Kern ein Verstehen der Situation jedes einzelnen Kunden, und eben nicht ein groß angelegtes »Manöver«. Jedoch macht genau diese Sicht – verstärkt durch kundenzentrierte Digitalisierungsprojekte – die Funktion der Vertriebs-

*führungs*kräfte zu weiten Teilen obsolet. Es braucht Coaches, die am »Spielfeldrand« der Kundenkontakte stehen und im kundenzentrierten Gespräch unterstützen, lehren und besseres Verstehen ermöglichen. Coaches, die den Mehrwert der Digitalisierung an die einzelnen Arbeitsplätze bringen, Transmissionsriemen für die effektive Nutzung von Digitalisierung bieten. Glücklich kann sich das Unternehmen schätzen, dessen Vertriebsführungskräfte genau das leisten.

Kunden
Tracking im Bereich von Millisekunden, zig Offerten, personalisierte Webseiten unmittelbar nach Anmeldung im Onlineshop – es ist eine unendliche Auswahl von Finessen, die dem Kunden durch Digitalisierung angeboten werden kann. Allgegenwärtig werden Angebote verfeinert und individualisiert. Der Trend dazu ist unumkehrbar. Fragen Sie sich bitte für Ihr Unternehmen: Spürt der Kunde dadurch einen Mehrwert? Ist die Botschaft im Moment der Aussendung/Anzeige für ihn wirklich relevant? Sie werden den Kunden bei diesem Wettbewerb mit technologisch professionalisierten Plattformunternehmen nur dann für Ihr Unternehmen gewinnen können, wenn er spezielle Vorzüge Ihres Unternehmens für sich als Vorteil wahrnimmt. Stärken Sie mit Digitalisierungsprojekten die individuellen Stärken Ihres Unternehmens. Reduzieren Sie mit Digitalisierungsprojekten die individuellen Schwachstellen Ihres Unternehmens.

Die Möglichkeiten der Analytik scheinen unbegrenzt weiterzuwachsen. Es besteht die Gefahr einer Abkopplung von Menschen – einer Analytik um ihrer selbst willen.

Entscheidend für den Erfolg ist die Anwendung professioneller Analytik UND die Einbeziehung von Menschen über alle Funktionen hinweg – von der Kreation über die Anwendung bis zur Nachbereitung eines jeden Kundenkontaktes.

5. Stärken ausbauen/ Schwächen reduzieren

In diesem Kapitel gehen wir der Frage nach, welche Themen überhaupt durch ein Digitalisierungsprojekt angegangen, verbessert oder gelöst werden sollen. Wir erleben eine immense Vielfalt an Projekten rund um die Digitalisierung in den meisten Unternehmen. Da werden Labs gegründet, agile Teams gebildet, und viele Produkte, Projekte oder Einheiten erhalten das Siegel »digital« vorangestellt. Auch die Umorganisation ganzer Unternehmensteile unterstreicht den Willen, im Umfeld der Digitalisierung nun deutlich voranzukommen. Daher mangelt es nicht an der Bereitschaft, sich neuen Digitalthemen zu widmen.

Die Technologieführer in digitaler Kundenzentrierung (Apple, Google, Amazon, Netflix, Tesla u. a.) werden – natürlich unabhängig von dem Unternehmen, in dem Sie tätig sind – laufend mit Innovationen produktiv, die mit enormem Forschungsaufwand Kundenvorteile bieten und/oder die Marktpositionierung des Unternehmens weiter festigen.

Für Digitalisierungsprojekte werden häufig Merkmale der oben genannten Technologieführer auf das eigene Unternehmen adaptiert. Dies kann entweder

- durch *Verbindung* konkreter Features mit bestehenden Produkten des Unternehmens erfolgen oder

- durch *Erweiterung* des eigenen Angebots um weitere Funktionen oder Produkte.

Nachfolgend einige Beispiele dafür:

- Ein Schuhgeschäft bindet einen Sprachassistenten an das Onlineshop-System an, sodass die nächste Filiale erfragt oder der letzte Warenkorb vorgelesen werden kann.

- Ein Gartenbau/Pflanzenvertrieb mit eigenem Onlineshop analysiert die Warenkörbe und bietet beim nächsten Besuch eine Vorbefüllung auf Basis des letzten Warenkorbs an.

- Eine Arztpraxis bietet ein Formular zur selbstständigen Terminreservierung an, welches online durch bestehende und neue Patienten genutzt werden kann.

- Eine Landesregierung unterstützt ehrenamtliches Engagement durch die Investition in eine eigenständige Internetplattform, auf der Vereine und Bedarfsträger für Ehrenamtstätigkeiten auf der einen Seite sowie Bereitwillige für die Übernahme von Ehrenamtstätigkeiten auf der anderen Seite sich finden und in Kontakt treten können.

- Ein Hersteller von Kaffeevollautomaten integriert eine WLAN-Anbindung seines Produktes, sodass die Detaileinstellungen Milchmenge, Kaffeestärke,

Temperatur, Bohnenwahl und Start auch per App angestoßen werden können.

Für alle diese Projekte werden in den Unternehmen erhebliche Ressourcen gebunden. Es liegt ja absolut im Trend, derartige Dinge anzubieten, und kaum ein Entscheider bringt seine Kritikpunkte ein. Wenn dann das Budget für diese Vorhaben freigegeben ist, wäre es ja ein Unding, wenn das Projekt nicht zum Erfolg führen würde. Wir können uns also bereits alle ausmalen, wie über die Erfolge der vorgenannten Beispielprojekte innerhalb und außerhalb des Hauses gesprochen wird:

- Fallbeispiel Schuhgeschäft:
  EXTERN: »Jetzt finden Sie immer zu uns – der Weg beginnt in Ihrem Wohnzimmer.«
  INTERN: »Noch mehr Kunden für unsere Shops, denn wir lenken den Kunden bereits zu Hause vom Onlineshopping auf unsere Filialen um.«

- Fallbeispiel Gartenbau/Pflanzenvertrieb:
  EXTERN: »Wir wissen, was Sie brauchen – sparen Sie sich das mühsame Zusammenstellen bei Ihrem nächsten Besuch.«
  INTERN: »Wir steigern die Umsätze durch die Vorbelegung mit Produkten, von denen wir wissen, dass sie für unsere Kunden hochrelevant sind.«

- Fallbeispiel Arztpraxis:
  EXTERN: »Sparen Sie sich lange Wartezeiten. Buchen Sie einfach und direkt zu der Zeit, die auch Ihnen passt.«

INTERN: »Endlich hat unser Team mehr Zeit für die Betreuung unserer Patienten vor Ort. Und es kommt seltener zu vereinbarten Terminen, die vom Patienten dann nicht eingehalten werden (können).«

- Fallbeispiel Internetplattform für Ehrenamtssuche:
  EXTERN: »Wir unterstützen ehrenamtliches Engagement. Dafür stehen Investitionsmittel bereit – ein Beleg, dass wir es ernst meinen.«
  INTERN: »Wenn jeder das Internet nutzt, müssen auch wir in diesem Medium Menschen zusammenbringen. Wir können es mit Personal nicht leisten, Suchportale können das.«

- Fallbeispiel Kaffeevollautomaten:
  EXTERN: »Nicht mehr Sie warten auf Ihren Kaffee. Mit unserer App haben Sie den Barista in Ihrer Tasche. Treffen Sie sich mit dem fertigen Kaffee, wann immer Sie es wünschen.«
  INTERN: »Wir sind Technologieführer. Mit unseren Luxus-Kaffeevollautomaten sprechen wir die Enthusiasten an, die so von unserer Markenphilosophie abgeholt werden.«

All diese Beispiele machen deutlich, dass die Innovationsvorhaben tatsächlich als Vorteil verkauft werden können. Doch es ist auch ein anderer Blick auf diese Vorhaben möglich:

- Fallbeispiel Schuhgeschäft:
  Wer einen Sprachassistenten befragt, wird den bereits

installierten verwenden. Ein eigener Assistent des Schuhgeschäfts leistet keinen Mehrwert.

- Fallbeispiel Gartenbau/Pflanzenvertrieb:
Im Gartenbau werden entweder Geräte oder saisonale Pflanzen vertrieben. Ein voreingestellter Warenkorb zeigt somit entweder bereits getätigte Anschaffungen oder aktuell nicht zur Saison passende Pflanzen.

- Fallbeispiel Arztpraxis:
Der Patient kann nicht mehr vorab erfragen, ob ein Besuch bei diesem Arzt für seine Beschwerden passend ist. Auch entsprechende Vorbereitung, wie z. B. das Mitbringen von Unterlagen, oder der Hinweis auf nüchternes Erscheinen wegen einer eventuellen Blutabnahme sind nicht mehr gegeben.

- Fallbeispiel Internetplattform für Ehrenamtssuche:
Durch kombinierte Suchbegriffe zu der Art des Ehrenamts und der Stadt lassen sich bereits Angebote und Möglichkeiten finden, ohne dass es einer zufälligen beiderseitigen Nutzung einer eigenen Suchmaschine bedarf.

- Fallbeispiel Kaffeevollautomaten:
Die Digitalisierung des Kaffees endet bei der fehlenden Tasse unter dem Auslauf oder dem nicht ausreichenden Wasser, der zu leerenden Tropfschale oder der nicht ausreichenden Menge an Kaffeebohnen.

Wir sollten uns an dieser Stelle den Spaß an und den Optimismus für Digitalisierung nicht nehmen lassen. Ich möchte auf eine andere Sicht hinweisen. Alle hier aufgeführten Unternehmen und Einrichtungen

- haben ihre Stärken und Schwächen und
- sind weder von der Marktmacht noch von ihrer Präsenz und den Fähigkeiten zur Umsetzung von Digitalisierungsprojekten mit den oben genannten Technologieführern zu vergleichen.

Somit sollte man sich in dem jeweiligen Unternehmen selbst die Frage stellen, wo denn Digitalisierung einen wirksamen Beitrag leisten kann. Wirksam wäre die Digitalisierung doch dort, wo

- Stärken weiter ausgebaut werden und
- Schwächen reduziert werden könnten.

Es wundert mich immer wieder, dass Unternehmen diese Chancen nicht ergreifen, sondern nahezu spontan, blind, mit Allgemeinsätzen belegt, sich für Investitionen entscheiden, ohne auf den Ausbau individueller Stärken bzw. die Reduzierung individueller Schwächen ein besonderes Augenmerk zu legen. Daher zum Ende noch ein letztes Screening der Unternehmen im Hinblick auf mögliche Vorhaben:

- Fallbeispiel Schuhgeschäft:
  STÄRKEN AUSBAUEN: Bei Wiederbesuch des Onlineshops werden nur verfügbare Modelle in der bisher überwiegend bestellten Größe angezeigt, selbst wenn sie in der Filiale mit Kundenkarte gekauft wurden. Modelle

im bisher gekauften Stil werden – nach Jahreszeit angepasst – als erste präsentiert.
SCHWÄCHEN REDUZIEREN: Die Filiale alleine kann die Power aus der Digitalisierung nicht aufheben. Beim Besuch in der Filiale haben die Mitarbeiter Einsicht in zuvor im Shop betrachtete, aber nicht gekaufte Schuhe. Darauf kann der Kunde gezielt angesprochen werden. Die Filiale wird so zu einem Partner des Onlineshops.

- Fallbeispiel Gartenbau/Pflanzenvertrieb:
STÄRKEN AUSBAUEN: In Abhängigkeit von Jahreszeit, Klima am Wohnort des Kunden und vergangenen Käufen wird der Kunde per E-Mail erinnert, dass es für seine favorisierten Pflanzen nun an der Zeit wäre, mit dem Pflanzen zu beginnen.
SCHWÄCHEN REDUZIEREN: Geräteanschaffungen sind nicht laufend wiederholbar. Daher bekommt der Kunde im Onlineshop aktiv Ergänzungsgeräte und Zubehör zu seiner Ausstattung. Ein Klick – und er kann sich diese Objekte im Laden zur Ansicht zurücklegen lassen.

- Fallbeispiel Arztpraxis:
STÄRKEN AUSBAUEN: Nach digital erfasster Terminvereinbarung erfolgt eine Erinnerung per Push. Beim Öffnen der Nachricht wird auf die notwendigen Unterlagen und/oder Vorbereitungen für den anstehenden Termin hingewiesen.
SCHWÄCHEN REDUZIEREN: Häufig entstehen teils erhebliche Wartezeiten, die gerade für Berufstätige ärgerlich sind. Die digitale Terminvereinbarung wird daher nicht nur für die Initialvereinbarung verwendet,

sondern – analog Flug- und Bahnreisen – wird über Verzögerungen im Ablauf per Push hingewiesen. Der Patient spart wertvolle Zeit und die Wartezimmer werden von weniger Menschen für eine kürzere Zeit belegt. Weniger Ärger beim Warten führt auch zu einem angenehmeren Klima bei der Behandlung durch den Arzt.

- Fallbeispiel Internetplattform für Ehrenamtssuche:
  STÄRKEN AUSBAUEN: Erfahrung und breites Wissen, welche Organisationen welche Skills benötigen, können auf einem Portal eingebracht werden. Dass z. B. Sportvereine und Betreuungsvereine auch ehrenamtlich Engagierte für die Pflege und Unterhaltung der Vereinsanlagen benötigen, liegt nicht sofort auf der Hand. Hier könnte eine solche Plattform nach Erfassung von Ausbildung, Neigungen und Fähigkeiten bestimmte Einsatzfelder vorschlagen.
  SCHWÄCHEN REDUZIEREN: Die Wahrscheinlichkeit, dass sich suchende Organisationen und Einrichtungen sowie anbietende Ehrenamtliche auf einer solchen Plattform treffen, ist gering. Eine Beratungsstelle in städtischen Gemeinden für Verein und Ehrenamt könnte dies lösen und Best Practices verbreiten, sowohl wie Webseiten von Vereinen und Organisationen aufzusetzen sind als auch wie Suchen im Web abzusetzen sind, wenn man ein konkretes Profil anbieten möchte.

- Fallbeispiel Kaffeevollautomaten:
  STÄRKEN AUSBAUEN: Wenn die Vernetzung mit einer App möglich ist, können die Lieblingsgetränke einzelner

Menschen oder Gäste im Haushalt per App personalisiert, mit Namen versehen und diese Konfiguration dann abrufbereit an die Maschine übertragen werden.

SCHWÄCHEN REDUZIEREN: Kaum ein Nutzer weiß mit den unendlich vielen Variationsmöglichkeiten an Einstellungen umzugehen. Über Versuche nähert man sich der idealen Einstellung. Über die App könnte ein Portal mit Konfigurationen verfügbar sein, die per Klick an die Maschine übertragen werden. Bewertungen der Nutzer nach Verwendung ranken diese Konfigurationen.

Aktivitäten und Investitionen alleine, um den Begriff der Digitalisierung im Unternehmen zu füllen, führen nicht zum Erfolg.

Entscheidend für Digitalisierungsprojekte, die Ihr Unternehmen wirkungsvoll voranbringen, ist eine Fokussierung auf den Ausbau bestehender Stärken UND die Reduzierung bestehender Schwächen.

6. Das Mantra der Schnelligkeit

Sie möchten Ihre Innovationen schnell zum Kunden transportieren. Auch gegenüber den Stakeholdern in Ihrem Konzern möchten Sie zeigen, dass Sie Projekte und Aufgaben schnell zum Ziel führen können. Wer mag auch lange warten, bis Projektergebnisse greifen.

Hand aufs Herz: Was ist denn »schnell«? Und was bedeutet »lange«? Diese Festlegung oder Einschätzung wird immer wieder mal von Personen vorgenommen, die bislang keine vergleichbaren Projekte selbst verantwortet haben und/oder auch nicht für die anschließende Nutzung der Projektergebnisse verantwortlich sind. Aus einer solchen Perspektive gilt die Formel »je schneller, desto besser«. Weniger Ressourcenbedarf, schnellerer Durchsatz weiterer Themen, geringere Kosten; all das wirkt so dominant überzeugend, dass es schwer ist, argumentativ dagegen anzukommen.

Die oberflächliche Marke »schnell« ist ein Mantra. Es wird in der heutigen Zeit immer kürzer werdender Innovationszyklen zum obersten Maßstab erhoben. Es geht um Echtzeitinteraktion, Lieferketten werden für eine schnelle, teils taggleiche Belieferung des Kunden optimiert und in den Standardeinstellungen für Navigationssysteme und Routenplaner ist selbstverständlich die »schnellste« Strecke vorbelegt. Der Begriff »schnell« ist so immanent und drückend, er scheint alle anderen Begrifflichkeiten aufzuzehren.

Und nun habe ich im vorigen Absatz absichtlich den Gedankenfehler eingebaut, der dem Mantra »schnell« innewohnt: Gerade wenn Arbeitsschritte, Lieferungen, Interaktionen schnell abgewickelt und *betrieben* werden können, hat man sich vorher zu deren dauerhafter Nutzung eben intensiv Gedanken gemacht, Komplexitäten durchdrungen und gelöst und *dauerhaft wirksam* eine Implementierung vorangetrieben.

- Wer das Ärzteteam des Rettungshubschraubers nicht lange und intensiv trainiert, wird kein auch in Krisensituationen reibungslos funktionierendes Team an Bord haben.
- Wer ein Küchenteam nicht intensiv aufeinander eingearbeitet und abgestimmt hat, wird keine Großveranstaltung mit hochwertigem Catering betreuen können.
- Wer keine Erfahrung im Haareschneiden hat, wird dafür eine längere Zeit benötigen.
- Wer eine Flaschenabfüllanlage schnell installiert, ohne am Ende die Verpackung und Auslieferung mit zu installieren, kann die Geschwindigkeit der Anlage nicht nutzen.
- Wer schnell mit dem Boot startet, ohne sich mit Seekarten vertraut zu machen und ohne Proviant an Bord zu nehmen, der kann auch die Geschwindigkeit nur kurz ausnutzen und gerät bei wechselndem Wind und ohne Kenntnis der Seekarten schnell in Schwierigkeiten.
- Wer seinen Kunden schnell eine schicke App, z. B. für einen Angebotsrechner, anbietet, aber die nachfolgenden Prozessschritte wie Abwicklung,

Zusendung und Konsolidierung mit den Kundendaten nicht sichergestellt hat, wird diese App gar nicht betreiben können.
- Wer einen Eiswagen mit zwei Sorten Eis schnell auf die Beine stellt, wird Kunden nicht zufriedenstellen können, die mindestens zwischen fünf Sorten auswählen möchten.

Wir fügen daher dem Mantra »schnell« noch »dauerhaft anwendbar« hinzu. Ob das in Ihrem Kontext noch zusätzliche Skalierbarkeit, Flexibilität oder Erweiterbarkeit bedeutet, entscheiden Sie.

Ich gehe einmal davon aus, dass Sie als Leser nun auch davon überzeugt sind, dass es dieser Kombination bedarf. Die große Herausforderung liegt darin, dies gegen die Widerstände, den Gegenwind und den Gegenstrom an Meinungen im Konzern durchzusetzen. Die Argumente für diese umfassende Betrachtung entfalten sich leider

- fachlich erst bei einer Betrachtung über den Tellerrand des ganz konkreten (Teil-)Projektes hinaus und
- zeitlich erst in der nach Projektende erfolgenden Anwendung und Nutzung.

Dafür kann ich Ihnen kein Patentrezept mitgeben. Wen Sie dort ins Boot holen müssen, welchen Namen Sie sich in der Organisation machen müssen, wann der richtige Moment zur Kritik gekommen ist – all das kann nur im Einzelfall und nur von Ihnen in der Innensicht bewertet werden.

Ohne ein Angebot zum Kompromiss und ohne Verständnis für die Belange der Auftraggeber wird es jedoch sehr schwer, wenn nicht gar unmöglich, eine Lösung zu finden. Denn Ihre Auftraggeber und Ressourcenbereitsteller benötigen Projekterfolge ebenso wie Sie selbst. Bieten Sie eine Gesamtstory an und achten Sie darauf, dass vorab lieferfähige Meilensteine keine isolierten Lösungen sind, sondern kundenwirksame Bestandteile mit ökonomisch erster Wirkung auf dem Weg zu einem großen Ganzen. Somit haben Ihre Auftraggeber Zwischenschritte mit vorzeigbaren/erlebbaren Ergebnissen. Beachten Sie jedoch, dass Sie dann auch liefern sollten. Denn wer Step 1 nicht liefert, den wird man nicht mit der Realisierung von Step 2 betrauen.

Geschwindigkeit durch schnelle Umsetzung in kurzen Zeitfenstern ist kein Erfolgsgarant.

Entscheidend für eine schnelle Umsetzung sind erste Schritte als Bestandteil eines umfassenden Zielbildes UND deren dauerhafte Nutzbarkeit nach dem Roll-out.

---

7. Ohne Ziel ist auch der Weg egal

Ihr Digitalisierungsprojekt soll etwas erreichen. Was eigentlich? Und wie wird der Weg dorthin festgelegt? Immer wieder begegnen mir Projekte, die eine Aktivität haben, aber kein Ziel. Dafür sehe ich im Wesentlichen zwei Gründe:

- Es gibt keine ausreichende Expertise, um ein konkretes Ziel mit Mehrwert für Kunde und Unternehmen zu formulieren.
- Es ist völlig unklar, wer die Zielfestlegung vereinbart, und so kommt es zu einer »Zielwolke« mit unkonkreten Koordinaten, in die jede der beteiligten Personen einen Brocken ihrer Interessen hineingeworfen hat.

Den schlimmsten Fall – es gibt weder Plan noch Expertise und es ist einfach hip, auch im eigenen Unternehmen ein Projekt in eine solche Richtung zu machen – lasse ich hier außen vor.

Nehmen wir als Beispiel ein Unternehmen der Fashion-Branche mit Onlineshop und eigenen Filialen wie auch Shop-in-Shop-Geschäften. Die Schlagworte »Kundenzentrierung«, »Digitalisierung« und »Kanalverzahnung« sowie »Analytik« greifen um sich. Das Topmanagement hat ausgegeben: »Analytik – so kundenindividuell wie der Stil unserer Kunden«:

- Die Personen aus dem Onlineshop-Kanal würden somit ein Projekt für Nachfassketten aufsetzen, damit Warenkorbabbrecher gezielt mit ihren gesuchten Produkten nachgefasst werden können.
- Die Personen aus der E-Mail-Kampagnen-Einheit würden eine Analytik aufsetzen, um stets zwei NBO analytisch hergeleitet für E-Mail-Ansprachen verwenden zu können.
- Das Data-Lab würde gerne erforschen, ob die Prognosegüte des Data-Minings verbessert werden kann, wenn Kunden mit braunen Hosen im Warenkorb eher abschließen, sobald sie Herbstmotive sehen.
- Die Mitarbeiter aus dem Marketing wünschen sich ein jährlich rollierend überarbeitetes Personakonzept für die Ausgestaltung der Werbemittel.
- Die Personen aus dem Controlling möchten erfahren, ob sich Kundenströme durch vorherige Impulse gezielt entweder in eigene Filialen oder in Shop-in-Shop-Geschäfte leiten lassen.

Ich werde hier nun nicht die Ideallösung für diesen konkreten Fall skizzieren. Dazu wären noch weitere Informationen zum aktuellen Istzustand, zum technischen Umfeld, zur Datenhaltung, zu Prozessen usw. notwendig. Das alles ist übrigens Wissen, welches auch externe Berater nicht mitbringen können.

Wonach richten sich nun Ziel und Scope des Gesamtprojektes? Wie läuft es in Ihrem Unternehmen? Gibt es bei Ihnen letztlich gar kein Projekt oder nur die oben erwähnte »Zielwolke«? Legt derjenige Ziel und Scope fest, der am

Lautesten ruft, oder jener, der den besten Draht zum Topmanagement hat? Oder wird stets der kleinste gemeinsame Nenner realisiert? Das alles will doch niemand – und es kommt natürlich nur in anderen Unternehmen vor ...

Wenn in Ihrem Unternehmen wie oben beschrieben verfahren würde, stünde der Kunde mit Sicherheit nicht im Mittelpunkt und das Ergebnis wäre weit entfernt von einer bestmöglichen ökonomischen Wirkung.

Ich empfehle daher, eine einzige Einheit mit der Ausgestaltung von Ziel und Scope zu betrauen. Je weiter diese Einheit entfernt ist von *einzelnen* Produkten, *einzelnen* Kanälen, *einzelnen* Tools, desto eher ist dort Kundenzentrierung und Interesse am ökonomischen Ergebnis zu erwarten. Natürlich sind alle anderen Funktionen einzubinden durch Soundings, das Einbringen von Ideen sowie möglicher Unterstützungen und Mehrwerte. Die letztendliche Entscheidung jedoch liegt bei einer Stelle, bei einer Einheit. Dieses Vorgehen führt dazu, dass Entscheidung und Verantwortung zusammenfallen und dass aus einer umfassenden Sicht heraus die besten Entscheidungen getroffen werden.

Ja, das klingt nicht sonderlich agil. Aber ich sehe Agilität nicht als geeignetes Mittel für die Definition von Ziel und Kurs an.

Festlegung und Ausgestaltung des Ziels beinhalten eine enorme Verantwortung, aber auch Chance. Denn gerade durch das Verlassen isolierter Sichtweisen ergibt sich eine übergeordnete Perspektive. Übergeordnet nicht im Sinne eines Organigramms oder einer Hierarchie, sondern übergeordnet im Sinne von umfassend und übergreifend. So entsteht die Chance, Projekte und deren Ziele in einen schlüssigen Sinnzusammenhang einzuordnen. Projekte nur um der Projekte willen oder der technischen Features wegen haben dann keine Chance mehr. Was nicht einzahlt auf den Sinnzusammenhang für Kunden und das Unternehmen, wird nicht realisiert.

Ermitteln Sie Ihr Projektziel durch unverbindliches Befragen aller Beteiligten, so erhalten Sie eine unkonkrete Zielwolke.

Entscheidend für ein kundenzentriertes Ziel und ökonomischen Erfolg ist die Gesamtverantwortung an einer Stelle UND die unterstützende Einbindung aller anderen beteiligten Einheiten.

8. Wer ist »der Kunde«?

Von »Kundenzentrierung« hören wir an jeder Stelle. Der Begriff wird unglaublich intensiv in fast jedem nur erdenklichen Kontext verwendet, und tatsächlich: Zumindest in einem PowerPoint-Slide ist der Kunde schnell in den Mittelpunkt »geschoben«. Aber sonst?

Das Mantra der Kundenzentrierung wird erstaunlicherweise immer wieder bei Digitalisierungsprojekten auf eine der vorderen Folien gehoben, quasi als Motiv, weshalb denn nun genau dieses Projekt richtig und notwendig sei. Und wer möchte sich dem schon verschließen? Für mich zeigt dies einen gravierenden Handlungsbedarf und offenbart eine enorme Lücke aus der Vergangenheit: Wo stand denn der Kunde vorher? Wird genau dieses Projekt den Kunden in den Mittelpunkt rücken? Kann das Projekt etwas lösen, was zuvor im Unternehmen offensichtlich nicht der Fall war?

Nein, der Kunde muss einfach als Begründung herhalten. Als widerstandsfähige Bastion für hausinterne Argumente im Diskurs um Budget, um Ressourcen und Entscheidungskompetenzen, als verlässlicher Link zum Sinn eines Projektes. Ist diese Selbstverständlichkeit ausreichend? Gibt es überhaupt andere Argumente? Und wer sagt denn, dass genau durch dieses Projekt zu diesem Zeitpunkt genau das erreicht wird, was zuvor offensichtlich nicht erreicht werden konnte?

Also wissen wir: Kundenzentrierung ist notwendig. Sie zu »leben«, ist im Trend. Jeder soll wissen, dass man sich schon um die Kunden kümmert. Und weil es so schön schnell geht, wird in vielen Unternehmen von »internen Kunden« gesprochen. Das klingt originell, das klingt, als wäre man am Kunden interessiert, und es klingt so, als würde jeder Mitarbeiter – selbst im Innendienst oder in der Zentrale – die Fokussierung auf den Kunden stets als Monstranz vor sich hertragen. Doch leider sieht die Realität anders aus. Denn durch die Einführung der »internen Kunden« ergeben sich zahlreiche Probleme:

- Selbst Mitarbeiter, die noch nie einen Kunden gesehen haben, die ihre ganze Tätigkeit ohne direkten Kundenkontakt ausführen und nie der unmittelbaren Reaktion und Rückkopplung des Kunden ausgesetzt sind, geben sich den Anstrich, für (interne) Kunden etwas zu leisten. Inwiefern diese Leistung nur den unternehmensinternen Vorgaben, Prozessen, Interessen dient und inwiefern diese Leistung überhaupt eine Wirkung im Interesse der (echten) Kunden generiert, bleibt offen.
- Die Unterscheidung in interne und externe Kunden macht es so leicht, jeder Kunde ist einer der beiden Boxen »zusortiert«. Man befasst sich *entweder* mit internen *oder* mit externen Kunden. Somit birgt diese Aufteilung die zusätzliche Gefahr, dass Einheiten ohne Kundenkontakt den (echten) Kunden aus ihrem Scope nehmen. Denn sie sind ja für ihn qua Definition *nicht* zuständig. Was für eine verkehrte Welt!

- Durch die Zusammenarbeit mit internen Kunden, die sich dann wieder um externe Kunden kümmern, wird darüber hinaus rein sprachlich eine größere Distanz zum Kunden geschaffen. Man ist nicht nur nicht für den (echten) Kunden verantwortlich, sondern durch die Einheiten mit direktem Kundenkontakt sogar von ihm abgeschottet. Ist es das, was man mit der Einführung des Begriffs »interne Kunden« erreichen wollte?
- Die Verantwortung für den Geschäfts- und Vertriebserfolg wird vollumfänglich auf die Einheiten mit direktem Kundenkontakt verlagert. Man könnte auch sagen »ausgelagert«. Somit befreit man sich ohne direkten Kundenkontakt von allen Misserfolgen und missliebigen Rückfragen. Eine Externalisierung des Kundenfokus aus der eigenen Einheit heraus kann im Unternehmen keine Kundenzentrierung sicherstellen.
- Darüber hinaus suggeriert die Begrifflichkeit der internen und externen Kunden, es gäbe Gemeinsamkeiten. Als sei es gleichbedeutend, ob man sich um interne oder externe Kunden kümmere. Wer nur seine internen Kunden im Blick hat, lässt die Kundenzentrierung seines Unternehmens verkümmern. Und wer die Haltung postuliert »Ich bin im Unternehmen Kunde«, lenkt den Blick nicht auf den echten Kunden.
- Stellen Sie sich vor, die internen Kunden fühlten sich wie wirkliche Kunden – dann erwarten sie Leistung, Mehrwert, die Einhaltung von Zusagen sowie (Verrechnungs-)Preise, die den vereinbarten und erbrachten Leistungen entsprechen und bei Minderleistung gekürzt oder gestrichen werden. Diese Anpassung findet in der Beziehung zwischen internen Kunden

und ihren Dienstleistern im Unternehmen so gut wie nie statt. Und damit kommen wir schon zu einem weiteren gravierenden Punkt: Wirkliche Kunden können sich entscheiden, Dienstleister müssen am Markt bestehen und laufend überzeugen. Nichts davon ist in der Beziehung innerhalb des Unternehmens der Fall. Leistungen ohne Gegenwert werden verrechnet, nie angefragte Projektkosten allokiert und laufende Betriebskosten steigen Jahr für Jahr. Wo bleibt der Vergleich? Wo bleibt die am Wettbewerb orientierte Entscheidung? Wo bleibt das konsequente Abstellen aller Aktivitäten ohne Relevanz?

Wo bleibt die wirkliche Kundenzentrierung des Unternehmens? Sie bleibt auf der Strecke. In einem Sandkastenspiel sind interne Kunden und interne Dienstleister zu einer Gemeinschaft verwoben, die sich doch gerne mit sich selbst beschäftigt und ihre Blicke aufeinander lenkt anstatt aus dem Sandkasten hinaus – gemeinsam hin zu dem einzig echten Kunden, dem des Unternehmens. Ja, die Kommunikation wird komplexer; ja, diese Kunden können sich abwenden; ja, diese Kunden können eigene Bedürfnisse haben; ja, diese Kunden können verärgert sein und Nichtleistung kann Konsequenzen haben. Aber ist es nicht auch beglückend, Kunden glücklich zu machen, Kunden positiv zu überraschen, Kunden ein Lächeln zu schenken, Kunden zuzuhören, Kunden eine Zuverlässigkeit in den erbrachten Dienstleistungen zu geben?

Also ist es gar nicht so schlimm, wenn sich alle um die wirklichen Kunden »da draußen« kümmern. Die technokratische Erfindung »interner Kunden« war nur ein erster, harmloser Schritt.

Sich auch an internen Kunden zu orientieren, ist ein erster Schritt.

Entscheidend für eine unternehmensweite Kundenzentrierung ist der ständige Fokus auf die wirklichen Kunden bei den Einheiten, die im direkten Kundenkontakt stehen, UND bei den sie unterstützenden Einheiten.

Die richtigen Partner

Projekte zu realisieren, bedeutet häufig, Neuland zu betreten. Wer unsicheres Terrain betritt, verlässt sich gerne auf externe Partner. Gerade in Digitalisierungsprojekten ist alleine durch den technologischen Fokus oftmals mindestens ein Lösungsanbieter mit involviert. Im Vorwort habe ich daneben bereits die unterschiedlichen Mitspieler genannt: Consultinghäuser und Medien. Alle drei Gruppen haben jedoch ihre jeweils unterschiedlichen Interessen und passen unterschiedlich gut auf die jeweiligen Anforderungen für Ihre Herausforderung. In den Kapiteln dieses Abschnittes geht es darum, wie Sie die für Ihr Unternehmen passenden Partner finden und worauf Sie bei der Suche achten können. Ist es alleine eine ausgetüftelte Matrix mit einem Punktesystem, die aggregiert den besten Partner ermittelt? Ich sehe in derartigen Aggregaten eine Gefahr, da die Verantwortung der Entscheidung an eine Formel delegiert wird. Sie holen sich jedoch nicht nur Firmen, sondern eben auch Meinungen, Einstellungen und Erfahrungen in Ihr Unternehmen.

Treffen Sie dabei die richtigen Entscheidungen, kann sich eine substanzielle Partnerschaft zum beiderseitigen Mehrwert entwickeln. Anderenfalls vergisst man das Projekt und seine Ergebnisse lieber wieder und die Zusammenarbeit »läuft aus«. Das klingt ja auch viel schöner, als wenn es genauso geplant gewesen wäre.

Aus Überzeugung würde ich empfehlen, mögliche Partner nach Referenzen zu fragen, bei denen eine Partnerschaft bereits seit einem möglichst langen Zeitraum zur beiderseitigen Zufriedenheit besteht. Im Hinblick auf Digitalisierungsprojekte würde man so jedoch jüngeren Unternehmen einen Nachteil aufbürden, der in keiner Weise durch schlechte Leistung bedingt wäre. Und wer sich einzig auf Referenzen verlässt, wird mit seinem Produkt nur schwerlich eine führende Position einnehmen können, da er sich ja nur anhand der positiven Referenzen anderer entscheiden möchte.

In einem Punkt bedeuten Partner immer eine Bereicherung: Der Wille zur Veränderungsbereitschaft ist natürlich ein Wesenskern von ihnen. Somit kann sich bei hoher Akzeptanz unter den Mitarbeitern auch ein Sog hin zu Veränderung, zu Neuem entwickeln, der Ihre eigenen Ambitionen unterstützt.

9. Der richtige Lösungsanbieter

Bei der Wahl eines geeigneten Lösungsanbieters kann man unendlich viel falsch machen. In der Auswahl steckt deshalb eine immens wichtige Entscheidung, weil sie über Jahre (je nach Unternehmensgröße und -komplexität) nicht so einfach zu revidieren ist. Alleine über die Frage, wer aus dem Unternehmen eigentlich diese Entscheidung treffen sollte, ließen sich eigene Bücher schreiben. Ich komme an anderer Stelle darauf zurück.

Wer einen solchen Prozess bereits einmal durchlebt hat, kennt sicher die Darstellungen in Matrix-Form mit den Pros und Cons einzelner Anbieter, gerne mit aufklappbaren Subteilen und einer Punkteskala für einzelne Leistungsmerkmale. Diese werden dann auch noch gewichtet und aggregiert, sodass man die Antwort auf die Frage nach dem besten Lösungsanbieter an einer Zahl ablesen kann. Wenn es doch nur so einfach wäre.

Wählen Sie so Ihren Partner / Ihre Partnerin aus?

Sie lachen oder reiben sich verwundert die Augen? Lassen Sie diesen Vergleich bitte einen Moment auf sich wirken. Es ist nichts anderes als diese Frage, mit wem Sie sich für eine längere Zeit zusammentun möchten, an wen Sie sich binden möchten, wem gegenüber Sie sich öffnen möchten, auf wen Sie für eine gedeihliche Zukunft bauen wollen, mit wem Sie in der Öffentlichkeit gesehen werden wollen, wen Sie in Ihrem Umfeld an Ihrer Seite haben wollen.

Sind Sie jetzt immer noch bei einer Bewertungsmatrix? Ich nicht. Die Entscheidung aufgrund einer Matrix suggeriert eine richtige Entscheidung, doch sie berücksichtigt Intuition, Erfahrung, Verständnis, Empathie, wahres Leistungsvermögen, Ausdauer, Belastbarkeit auch in Krisensituationen und viele andere Faktoren nur unzureichend. Darüber hinaus sind die abgefragten Parameter häufig unvollständig, die Gewichtungen für Ihr Projektziel ungeeignet und die zur Punktevergabe eingeladenen Stakeholder häufig von Partikularinteressen geprägt, siehe Ende Kapitel 7.

Wie präsentieren sich nun die Lösungsanbieter bei Ihnen? Hier die vier häufigsten Wahrnehmungen:

- Bei den ersten Terminen steht die **Selbstdarstellung** im Vordergrund. Gründungsjahr, Wachstumszahlen der Mitarbeiter, Orte der weltweiten Präsenz werden aufgefahren. Unterstrichen wird dies mit entsprechenden Grafiken und natürlich einer geografischen Darstellung dieser Präsenzen. Die Botschaft für Sie: Wir verstehen unser Geschäft, immer mehr Firmen entscheiden sich für uns.

  Doch leider gilt: Wenn Sie in UK ein Projekt haben, ist es reichlich uninteressant, ob es weitere Büros in Singapur oder in Hongkong gibt.

- Nicht fehlen darf auch eine eindrucksvolle Sammlung möglichst vieler Firmenlogos als **Referenzen** für erfolgreich durchgeführte Projekte.

Doch leider gilt: Ohne Bezug zum fachlichen Thema haben diese Referenzen keinerlei Aussagekraft für Ihr Vorhaben. Das referenzierte Projekt kann auch nur ein kleiner Workshop oder ein fachlich ganz anderes Projekt gewesen sein.

- Beispielhafte **Use Cases** werden mit 1 bis 2 Sätzen dargestellt und mit 1–4 KPI wird der Erfolg aufgezeigt, z. B. +480 % Abschluss-Touchpoints durch das Projekt.

Doch leider gilt: Ohne fachliche Kenntnis haben diese Aussagen keinen Mehrwert. Im obigen Beispiel kann eine marginale Anzahl bestehender Touchpoints zu Projektbeginn schnell eine eindrucksvolle prozentuale Steigerung erfahren. Ebenso wenig können Sie den Wirkzusammenhang zwischen dem Lösungsanbieter und diesen Steigerungszahlen valide prüfen.

- Die nachfolgende Fokussierung auf **Features** der eigenen Lösung und die Beteuerung, wie sinnvoll genau diese Features für Sie in genau Ihrem Unternehmen wären, nehmen dann den breitesten Raum ein.

Doch leider gilt: Vielleicht benötigen Sie diese Features gar nicht oder die wirklich für Ihr Unternehmen und Ihr Projekt erfolgskritischen Punkte könnten nicht oder nur eingeschränkt geleistet werden.

Diese ganze Art der Kommunikation ist so selbstzentriert, so wenig auf den Kunden zugeschnitten, so wenig relevant für eine Entscheidung, dass ein solcher Einstieg alles andere als optimal für eine gemeinsame Zukunft ist.

Wirklich entscheidend und somit der Kern Ihrer Überlegungen müsste doch sein: Wie gut löst der Anbieter Ihre konkrete Herausforderung? Nicht irgendeine, sondern genau Ihre.

Und damit kommen wir zu einem Punkt, den ich immer wieder als bedauerlich einschätzen muss: Häufig wissen Projektverantwortliche und Ressourcenverantwortliche für Vorhaben nicht klar genug, was sie inhaltlich erreichen wollen. Sie haben keine Haltung, kein klares Ziel, keine Überzeugung in dem, was sie tun. Hieraus entwickelt sich ein Nährboden für Lösungsanbieter, wie ich sie oben als Negativbeispiele beschrieben habe. Sie bringen ihre eigenen Lösungen mit und recht dankbar werden dann positive »mitgebrachte« Aspekte auch für die eigene unternehmensinterne Kommunikation aufgegriffen.

Wer so arbeitet, begibt sich in eine zu starke Abhängigkeit zum Lösungsanbieter. Die Frage, was oll denn wie gelöst werden, sollte jedes Unternehmen selbst beantworten. Dazu mehr in Kapitel 17 zur Strategieentwicklung.

Für den weiteren Verlauf dieses Kapitel gehen wir davon aus, dass Sie eine Strategie mit konkreten Zielen haben und der Anbieter eine Lösung für Ihre artikulierten Ziele verfügbar machen soll.

Entscheidend ist, wie der Lösungsanbieter auf Ihre konkreten Herausforderungen eingeht. Mit folgenden Fragen können Sie sich das selbst beantworten:

- Erfahren wir vom Lösungsanbieter eine solche Kundenzentrierung, wie wir sie auch unseren Kunden gegenüber leben wollen?
- Hat der Lösungsanbieter ein Interesse, *unsere* Ziele zu verfolgen und zu erreichen?
- Werden *unsere* Stärken und Schwächen vom Lösungsanbieter erkannt und berücksichtigt?
- Erfragt der Anbieter zunächst Anforderung und Ziel, bevor er die Meinung äußert, seine Lösung sei »die beste«?
- Interessiert sich der Lösungsanbieter für die innerbetrieblichen Spannungsfelder zwischen *unseren* beteiligten Einheiten?
- Stellt uns der Anbieter Fragen, bevor er ein Vorgehen, eine Lösung, eine Konfiguration empfiehlt?
- Gibt es für den Lösungsanbieter nur eine Antwort oder ist er in der Lage, verschiedene Optionen aufzuzeigen, die jeweils transparent mit Pros und Contras die aus unserer unternehmensinternen Sicht wesentlichen Punkte bewertbar machen?
- Interessiert sich der Lösungsanbieter für Fragen der Implementierung und aller Arten der Zusammenarbeit, auch *nach* der Kaufentscheidung?
- Ist der Lösungsanbieter in der Lage, Implementierungsaufwände valide und fundiert einzuschätzen?
- Stellt der Lösungsanbieter in allen Phasen des Vorhabens Ansprechpartner und Verantwortliche

zur Verfügung, die über Erfahrung in den von uns benötigten Know-how-Feldern verfügen?
- Gibt uns der Lösungsanbieter bereits vor Kontrahierung die Gewissheit, welche Personen für uns zum Einsatz kommen – auch nach der Implementierung oder ggf. weiteren Ausbaustufen?
- Gibt uns der Lösungsanbieter eine Möglichkeit, die zum Einsatz kommenden Personen kennenzulernen?
- Treffen für die Mitarbeiter des Lösungsanbieters die gleichen Antworten zu wie für den Lösungsanbieter selbst?
- Hat der Anbieter ein ausgeprägtes Interesse, die Wirkweise seiner Lösung durch Abstimmung mit anderen, benachbarten IT-Systemen zu optimieren, sodass letztlich eine skalierbare Nutzung sichergestellt ist?
- Zeigt uns der Lösungsanbieter unaufgefordert auf, wie die Partnerschaft nach Kauf und Implementierung weitergehen könnte, auch wenn dies aktuell nicht auf unserer Roadmap steht?
- Hält sich der Lösungsanbieter an getroffene Vereinbarungen? Und seien es nur Kleinigkeiten wie Zusendung vereinbarter Informationen oder Einhaltung vereinbarter Folgetermine.

Lassen Sie sich nicht alleine vom selbstgesteuerten Auftreten des Lösungsanbieters zu Entscheidungen (ver)führen.

Entscheidend für die Wahl des richtigen Partners ist dessen nachgewiesene Expertise UND die authentische Fokussierung auf Sie als Kunde mit Ihrer Situation, Ihren Zielen und Ihren Anforderungen.

10. Betrieb können & eine Vision haben

Bei Kauf- und Investitionsentscheidungen werden häufig Expertenmeinungen von Industrieanalysten eingeholt. Es existieren in diesen Unternehmen hochwertige Systeme an fundierten Analysen und Vergleichen mehrerer Lösungsanbieter, wie sie ein einzelnes Unternehmen aus der Innensicht vor der Kaufentscheidung nicht fällen könnte. Erstellt werden textuelle Analysen sowie Verdichtungen in Diagrammform mit der vergleichenden Positionierung der einzelnen Lösungsanbieter. Die Vorteile im Einzelnen:

Unabhängigkeit

Die Analysten sind nicht an einen Lösungsanbieter gebunden. Vielmehr stehen ihnen erhebliche Ressourcen zur Verfügung, um mehrere Lösungsanbieter zu betrachten, zu bewerten und mehrwertstiftende Analysen, Vergleiche und auch zeitliche Entwicklungen darzustellen.

Fachliche Breite

Häufig ist es zu kurz gedacht, einen Lösungsanbieter für exakt eine Nische zu suchen, denn die Folgeprojekte sind nur einen Steinwurf entfernt. Auch ist nicht jeder Lösungsanbieter in jedem fachlichen/technischen Bereich in gleicher Weise stark vertreten. Es hat sich daher als sinnvoll erwiesen, für bestimmte Themenfelder getrennte Analysen zu erstellen. Für Ihr Unternehmen ergibt sich der große Vorteil, für genau das eine Thema oder die relevanten Themenfelder die passende Expertise einholen zu können. Die Gefahr der Meinungsbildung aufgrund unpassend ausgewählter Themen ist dabei jedoch nicht zu unterschätzen.

Zeitliche Entwicklung
Lassen Sie sich auch gerne einmal die zeitliche Entwicklung der Bewertungen zeigen. Die Analyseergebnisse sind in der Regel optisch in einem Diagramm verortet, aus dem die Position der Lösungsanbieter auch im Zeitverlauf ersichtlich ist. Ein »Rising Star« ist ohne Frage innovativ, aber ob er diese Position auch halten kann, steht auf einem anderen Blatt. Stehen Lösungsanbieter für einen längeren Zeitraum in den Topzonen des Diagramms, ist das gerade für Konzerne und Unternehmen mit komplexerer IT-Landschaft ein Indikator für langfristig mögliche gute Partnerschaften. Und schließlich zeigt eine laufend abfallende Positionierung, dass eine Zusammenarbeit mit diesem Lösungsanbieter eher nicht angezeigt ist …

Erfahrung
Soll in einem Unternehmen die Entscheidung für einen Lösungsanbieter fallen, so wird häufig auch fachlich neues Terrain betreten. Die Erfahrung der im Unternehmen tätigen Personen ist somit in der Regel geringer als die der Industrieanalysten, die über eine umfassende Expertise verfügen. Werbliche Aussagen können so schnell auf den Boden der Tatsachen zurückgeholt werden; die gesamte Erfahrung aus den Dimensionen fachliche Breite, zeitliche Entwicklung, Situation des Marktes und Einwertung von Merkmalen können Sie sich so zunutze machen.

Multidimension
Überzeugt hat mich letztendlich der grundsätzliche Aufbau der Analysen und der sich daraus ergebenden Diagramme. Es werden nämlich zwei Achsen als entscheidend betrachtet:

- In welchem Maße besitzt der jeweilige Lösungsanbieter die Innovationskraft, Entwicklungen nicht nur zu folgen, sondern sie für die Industrie maßgebend zu setzen?
- In welchem Maße verfügt der jeweilige Lösungsanbieter über Liefer-, Implementierungs- und Betriebsfähigkeit?

Gerade durch diese Verbindung entgeht man marketinglastigen Aussagen von bunten Bildern und attraktiv verpackten Storys, wie sie in Sales gerne integriert sind.

Greifen Sie bei Ihrer Entscheidung für einen Lösungsanbieter auf die Erfahrung von Profis zurück. Sie ergänzen Ihre Sicht um die länder- und branchenübergreifenden Erfahrungen, die innerhalb Ihres Unternehmens nicht vorliegen.

Entscheidend für eine Einschätzung von Lösungsanbietern ist deren erwiesene Innovationskraft UND der Nachweis, diese in Unternehmen auch dauerhaft zur Entfaltung zu bringen.

11. Die passgenaue Lösung

Im vorigen Kapitel bin ich auf die Benefits externer Analysen eingegangen und habe deren Mehrwerte herausgestellt. Es wäre recht einfach, die Ergebnisse zu ranken und alleine danach eine Kaufentscheidung zu treffen, denn »gute und führende« Lösungsanbieter stünden oben, andere unten. Gibt es sie, *die* gute oder *die* schlechte Lösung?

Die für Ihr Unternehmen ideale Lösung lässt sich so nicht finden. Wer einen Monokanalvertrieb hat, benötigt kein Multikanal-Interaktionsmanagement. Wer über seine Endkunden, z. B. durch zwischengeschalteten Drittvertrieb, kaum Informationen vorliegen hat, würde Stärken des Lösungsanbieters im Umfeld Data-Mining gar nicht ausspielen können. Im Business mit Fotokameras und Objektiven als Beispielbranche ist dies ein gravierendes Problem, dem die Hersteller durch umfangreiche, dem Kauf nachgelagerte Kundenbindungsmaßnahmen (Registrierung für Garantieverlängerung und/oder günstige Folgeangebote) zu begegnen suchen. Wer Investitionsgüter produziert und vertreibt, wird keine Echtzeitentscheidungsmaschine benötigen. Weitere Beispiele ließen sich problemlos finden.

Für Ihr Unternehmen die fachlich, inhaltlich oder technisch notwendigen Anforderungen zur Auswahl eines Lösungsanbieters zu formulieren, kann Ihnen niemand abnehmen. Häufig werden Projekte aus zu isolierter Sicht aufgesetzt. Ein Lösungsanbieter für dieses eine, konkrete Projekt ist schnell gefunden; sehr viele Anbieter könnten dies abdecken. Aber denken Sie wenn möglich bereits an die nächste und übernächste Phase Ihres Projektes.

- Wer aktuell einen Vertriebskanal für zentrale Angebote und Interaktionen mit den Kunden nutzen möchte, wird dies im nächsten oder übernächsten Schritt auch für andere Kanäle wünschen.
- Wer heute die Schadenfallbearbeitung für die Kraftfahrtversicherung modernisieren möchte, wird dies im nächsten oder übernächsten Schritt auch für Hausrat- oder Krankenversicherung wünschen.
- Wer heute einmalig ein Gewinnspiel für Kunden aufsetzt, die sich über einen bestimmten Prozess registrieren, wird dies im nächsten oder übernächsten Schritt auch für ein grundsätzliches Loyalisierungsprogramm wünschen.

Wenn Sie bereits in der ersten Phase auch die nächsten oder übernächsten Schritte vorausschauend miteinbeziehen, ergeben sich umfangreichere Anforderungen an einen Lösungsanbieter, die Liste der möglichen Anbieter wird kürzer. Ich bin jedoch überzeugt, dass Sie für Ihr Unternehmen eine deutlich bessere Entscheidung treffen. Folgeaufwände werden durch eine umsichtige Auswahl bereits im Vorfeld reduziert.

Gehen Sie nicht davon aus, dass es »den« besten Lösungsanbieter gibt. Wählen Sie ihn umsichtig nach einer umfassenden Analyse Ihrer aktuellen und perspektivisch folgenden Vorhaben aus.

Entscheidend für eine ideale Wahl ist die extern analysierte Kompetenz UND die sichere Abdeckung der für Ihr Unternehmen in den nächsten Phasen erwarteten Anforderungen.

12. Der Antrieb unserer Partner

Während wir in Kapitel 9 den Fokus auf Lösungsanbieter gelegt haben, geht dieses Kapitel weiter. Unter Umständen lassen Sie sich auch unterstützen von Consultinghäusern für Konzeption, Strategie, Implementierung, Projektmanagement, Betrieb, After-Going-Live-Support oder für andere Themen. Hier geht es daher nun um alle externen Partner. Allen Einsatzfeldern gemeinsam ist: Es sind externe Partner. Doch was ist der Unterschied zwischen Vertragspartnern und Partnern?

Der Begriff »Vertragspartner« kommt aus dem beruflichen Umfeld, der Begriff »Partner« aus dem privaten. So weit, so gut. Und so einfach. Partner sind in der Regel auch ohne Vertrag miteinander verbunden, sie haben ähnliche Werte, verfolgen gemeinsame Ziele, sie wissen um die Stärken und Schwächen des anderen. Dennoch sind sie überzeugt, gemeinsam einen Weg zu gehen.

Vertragspartner haben sich über Rechte und Pflichten gegeneinander abgesichert. Sie möchten gegenseitig ihre Position optimieren. Durch Leistungserbringung gegen Geldzahlung auf der einen Seite (Lösungsanbieter, Consultinghäuser) und durch Verbesserung der Markt-, Absatz- oder Vertriebsfunktion auf der Endkundenseite (Unternehmen).

Wie oben dargestellt, gibt es also kaum Gemeinsamkeiten zwischen Vertragspartnern im geschäftlichen und Partnern im privaten Kontext. Ich vertrete den Ansatz, diese Trennung aufzuheben und auch die Partner im geschäftlichen Kontext zusätzlich nach den Kriterien für eine private Partnerschaft auszuwählen (wohl wissend, dass man um Verträge natürlich nicht herumkommt). Hierzu sind folgende Fragen geeignet:

- Ist der Partner flexibel, wenn ich Planänderungen habe?
- Kann der Partner das halten, was der erste Eindruck verspricht?
- Welche Meinung haben Dritte von meinem potenziellen Partner?
- Hält sich der Partner an seine Zusagen?
- Hört mir der Partner zu, wenn ich über meine Bedürfnisse spreche?
- Passen die Angebote meines Partners zu den von mir geäußerten Bedürfnissen?
- Erzählt der Partner laufend über sich selbst?
- Wie lange halten es andere mit bzw. bei meinem Partner aus?
  (Hier übertragen auf Mitarbeiter und andere Kunden.)
- Wenn ich einmal mehr Unterstützung brauche, erhalte ich diese ganz selbstverständlich – oder nur umständlich bzw. gar nicht?
- Wenn es meinem Partner schlecht geht: Wäre ich dann bereit, Zugeständnisse zu machen?
- Wenn mein Partner Planänderungen hat: Würde er mich frühzeitig und offen informieren?

- Wenn mein Partner über eine Trennung nachdenkt: Würde er mir rechtzeitig die Möglichkeit geben, mich neu zu orientieren?
- Teilt mein Partner meine Visionen?

Bevor Sie weiterlesen, empfehle ich Ihnen, diese Fragen einmal im Hinblick auf Ihre aktuellen und eventuellen Vertragspartner im beruflichen Umfeld zu durchdenken.

Wie können Sie nun Gewissheit oder zumindest möglichst verlässliche Indizien darüber erhalten, dass Ihr Vertragspartner auch ein wirklicher Partner für Sie sein möchte? Jeder von Ihnen wird aus Ausschreibungssituationen folgende Formulierungen zu Genüge kennen: »Wir streben eine wirkliche Partnerschaft mit Ihnen an.« Oder: »Mit all unseren Kunden pflegen wir eine vertrauensvolle Partnerschaft.« Oder: »Uns geht es nicht (nur) um den jetzt diskutierten Vertragsabschluss, uns geht es um eine langfristig ausgerichtete Partnerschaft.« Das klingt ja alles ganz schön, doch die Unsicherheit bleibt.

Nach den folgenden Indizien können Sie sich durch Fragen erkundigen:

- Welche Ehrenämter üben die vor Ihnen sitzenden Personen aus? Weswegen?
- Wann hat der Vertragspartner zuletzt bei einem seiner Kunden Zugeständnisse gemacht, ohne dass es hierfür eine vertragliche Grundlage gab? Weswegen?
- Spendet das Unternehmen einen substanziellen Bei-

trag an wohltägige Organisationen? An welche? Weswegen an genau diese?

- Nutzt der Vertragspartner vertrieblich nutzbare Momente (Blogs, Beiträge, Redezeiten, Ressourcen seiner Firma in jedweder Art), um sich für übergeordnete Ziele einzusetzen, die nicht im Originärinteresse der Firma stehen? Für welche? Weswegen?
- Wann und worin hat Mitarbeiter A Ihres Vertragspartners Mitarbeiter B Ihres Vertragspartners zuletzt unterstützt, ohne dass es aus Sicht des Vertragspartners notwendig gewesen wäre? Sieht B das auch so?

Ich wäre gespannt, Sie nun bei Ihren nächsten Kontakten mit Vertragspartnern zu erleben ...

Ein guter Partner im geschäftlichen Umfeld lässt sich auch an den Kriterien für Ihr privates Umfeld messen.

Entscheidend für die Auswahl der richtigen (Vertrags-)Partner ist deren nachweisliche Fähigkeit, die vereinbarten Leistungen erfolgreich zu erbringen, UND ihre überzeugende Bereitschaft, sich über die vertraglich vereinbarten Ziele hinaus zu engagieren.

13. Externe Ressourcen im Projektgeschäft

Teams ächzen häufig unter der Last wiederkehrender Betriebsthemen. Allzu oft wurden aus vorherigen Projekten Dinge halb fertiggestellt und müssen nun an den entscheidenden Punkten immer wieder durch manuelle Zwischenschritte unterstützt werden. Als Beispiel neigen Projekte im BI- oder Reportingumfeld dazu, nach der Darstellung schicker Oberflächen mindestens einen der Punkte Datenaktualisierung, laufende Qualitätssicherung, Distribution oder Kommentierung außer Acht zu lassen. Im Ergebnis werden – auch kreative – Ressourcen nachfolgend dauerhaft in derartigen Arbeitsschritten gebunden. Zugeben werden das die zuständigen Führungskräfte nur ungern.

Wird nun das Staffing für ein neues Projekt geplant, ergibt sich schnell eine Linie zwischen den internen, im Betrieb eingebundenen Mitarbeitern und den neuen, für das Projekt zusätzlich benötigten Mitarbeitern. Geht man in dieser Weise vor, lassen sich auch Projektkosten, -räume, -teams und -meetingformate einfach projektbezogen zusammenstellen. Ein solches Vorgehen sichert zudem eine klare Adressierung des zusätzlichen Bedarfs, der dann wunderbar in Projekt- und Budgetplänen aufgerufen werden kann. Ob wir hier von Wasserfall- oder agilen Methoden sprechen – der Grundsatz zusätzlicher Ressourcen für zusätzliche Themen und Projekte ist beiden Formen gemein. In dieser Form besetzte Projekte werden nach ihrem Abschluss einige Nachteile mit sich bringen: Bei Externen aufgebautes Wissen verlässt das Unternehmen und die Motivation der bisher nicht oder kaum eingebundenen Mitarbeiter bleibt niedrig. Besonders gravierend ist die fehlende Anschlussfähigkeit der Projektergebnisse an die Anforderung der Linientätigkeit. Deren Herausforderungen und Anforderungen sind nur den internen Mitarbeitern bekannt.

Teilen Sie die externen Ressourcen jedoch auf in a) Projektarbeit und b) Unterstützung Linienbetrieb, so können interne Mitarbeiter für die Projektarbeit freigesetzt werden. Alle oben genannten Nachteile lassen sich eliminieren. Fingerspitzengefühl braucht es aber auch hier, damit nicht das Gefühl einer Zweiklassenstruktur um sich greift: Ein Team entwickelt, ein Team betreibt. Um dies zu vermeiden, können die internen Projektressourcen auch rollierend eingesetzt werden, vorbehaltlich der persönlichen Eignung.

Bilden Sie keine isolierten Teams.

Entscheidend ist gemeinsame Weiterentwicklung durch interne UND externe Ressourcen.

14. 1+1=1+1 oder 1+1=2

Ein komplizierter Titel für ein Kapitel. Sie wollen maximalen Projekterfolg. Hierfür steht Ihnen eine Gruppe interner Mitarbeiter zur Verfügung und eine Gruppe externer Mitarbeiter. Wie bringen Sie diese zusammen? Bleiben sie als »1+1« getrennt oder ergibt sich die gesteigerte Power im Ergebnis als »2«?

Im Fokus dieses Kapitels steht insbesondere Deutschland.

Die Einbindung externer Personen in Projekte ergibt sich häufig über Dienst- und Werkleistungsverträge. Zahlreiche gesetzliche Vorschriften sind zu beachten, damit Themen wie

- eventuelle Scheinselbstständigkeit,
- Leistung von Sozialversicherungsabgaben sowie
- möglicher rechtlicher Anspruch auf einen direkten Arbeitsplatz beim Auftraggeber

sauber und interpretationsfrei geregelt sind.

Die Vorgaben hierzu unterscheiden sich zudem in ihrer Intensität und Ausprägung teilweise von Unternehmen zu Unternehmen. So führen Vorgaben zur Nichteingliederung in die Organisation zu getrennten Tischen oder Zimmern oder Stockwerken oder Gebäudeteilen oder Gebäuden. Die Nutzung des Anspruchs auf eine Festanstellung beim Auftraggeber wäre in Einzelfällen vielleicht auch für den Fortgang und den Erfolg des Projektes hilfreich. Aber ich möchte hier ausdrücklich keine Bewertung einzelner Vorgaben vornehmen; mir geht es vielmehr um den Umgang mit und die Einstellung gegenüber diesen Vorgaben. Sie haben in Ihrer Organisation kaum Gestaltungsspielraum, auch dies ist ein Grund, nachfolgend Ihre Haltung und Einstellung gegenüber den externen Mitarbeitern zu thematisieren.

Stellen wir uns eine Segelmannschaft bei einer Regatta vor. Das Boot ist für die vorhandene Mannschaft zu groß, seine Bedienung erfordert ein größeres Team. Es werden weitere Experten benötigt, zumal man in unbekanntes Terrain segeln möchte. Die Experten kommen an Bord. Und hier beginnt das Dilemma.

Für den Projekterfolg sollte das Team sich als eine Gesamt(ein)heit verstehen, indem jeder seinen Input für den Gesamterfolg einbringt. Hilfe und Unterstützung in kritischen Situationen kann dann Risiken abfedern. Sich gegenseitig an der Erfahrung teilhaben zu lassen (intern wie extern), weitet den Horizont und die Kompetenzen, gemeinsame Ziele verbinden. Nach einer ersten Zeit entwickeln sich bessere gegenseitige Kenntnis und gegenseitiges Verständnis. Abläufe werden optimiert, zusätzliche Vorteile generiert. Expertenwissen des Skippers mit entsprechenden Vorortkenntnissen kann sich unmittelbar auf Segel, Kurs und Geschwindigkeit auswirken.

Den vorigen Absatz mit den einschlägigen Vorschriften in wirkungsvollen, aber rechtssicheren Einklang zu bringen, halte ich für eine Herausforderung, die umso größer, wenn nicht gar unlösbar wird, je geringer der Anteil interner Mitarbeiter im Projekt ist. Die aus diesem Zielkonflikt entstehenden Reibungsverluste sind zu Beginn mit allen involvierten Personen transparent zu besprechen. Auch dem Management sollte dieses Risiko bekannt sein. Ansonsten könnte das Fehlen einer vorherigen Transparentmachung später zu Wirkverlusten, Missverständnissen und suboptimalen Projektergebnissen führen. Wenn diese Projektergebnisse durch ihre Suboptimalität nicht auf das umfassende Gesamtbild einzahlen oder ihre dauerhafte Nutzung erschweren, haben sich die Investments in externe Unterstützung nur scheinbar gelohnt.

Wer am gleichen Strang ziehen möchte, sollte nah beieinanderstehen und seine Wirkung synchron und abgestimmt entfalten.

Entscheidend für eine optimale Wirkung externer Unterstützung ist die sachgerechte Handhabung externer Mitarbeiter UND das synchronisierte Versammeln hinter gemeinsamen Zielen.

Die »richtigen« Menschen

Wie im Vorwort auch hier zu Beginn als kurze Klarstellung: Ich setze das Wort »richtig« bewusst in Anführungszeichen. Es geht nicht darum, Menschen grundsätzlich zu bewerten oder sich ein Urteil über einzelne Personen zu erlauben. Das steht mir selbstverständlich nicht zu und ich maße es mir auch nicht an. Das Wort ist daher eher im Sinne von »für den Projekterfolg einer Kundenzentrierung passend, hilfreich und notwendig« zu verstehen.

In diesem Abschnitt sind die Kapitel zusammengezogen, in denen es um die Vielfalt der menschlichen Fähigkeiten geht, die ein Projekt nach vorne bringen können. Ganz bewusst nenne ich nicht ein einziges Profil, welches Garant für einen Projekterfolg sein kann. Ebenso wie in Linien- und Betriebsthemen macht die Mischung der beteiligten Personen den Erfolg aus. Die Vielfalt, der Gestaltungswille, die gegenseitige Unterstützung, der Austausch und die Entwicklung von etwas gemeinsam Getragenem sowie die Verbreitung in Ihr Unternehmen: All das wird kein externer Partner für Sie lösen können. Schauen Sie in Ihr direktes Umfeld, aber auch darüber hinaus ins Unternehmen: Welche Menschen würden Sie gerne zusammenbringen, um Ihr Projekt zum Erfolg zu bringen? Nicht zuletzt darf es auch einfach Spaß und Freude machen, mit »Ihrem« Team gemeinsam das Projekt zum Erfolg zu führen.

Ganz bewusst sind die Kapitel nicht auf offensichtliche, spontan aufführbare Kriterien fokussiert, wie z. B. »kennt das Unternehmen am längsten« oder »weiß, wie die Schnittstellen bisher technisch ausgestaltet wurden« oder »ist als Führungskraft am besten geeignet, da nach Projektabschluss auch künftig dafür verantwortlich«. So finden sich keine Treiber für Innovationen.

15. Überzeugungstäter

Komplexe Digitalisierungsvorhaben sind auf überzeugte Manager und Mitarbeiter angewiesen. Wie aber wird man überzeugt? Und genügt es, überzeugt zu sein? – Aus meiner Sicht nicht.

Stellen wir uns eine Skala vor. Am linken Ende steht die reine Sehnsucht. Wir erinnern uns an Antoine de Saint-Exupéry und das ihm zugeschriebene Zitat: »Wenn du ein Schiff bauen willst, dann trommle nicht Männer zusammen, um Holz zu beschaffen, Aufgaben zu vergeben und die Arbeit einzuteilen, sondern lehre die Männer die Sehnsucht nach dem weiten, endlosen Meer.« Reine Sehnsucht, aber ohne Bewegung, ohne Schub. Man könnte auch am Hafenbecken sitzen und träumen.

Am rechten Ende steht ein professionelles Management mit Zeitplänen, Business Cases, klaren KPI, Aufgabenpaketen und Meilensteinen – durchorganisiertes Projektmanagement ohne Leidenschaft.

Durch die Sehnsucht werden Visionen geboren, wird Neues erdacht und bekanntes Terrain verlassen. Durch nüchterne Organisation werden Zuverlässigkeit und Planbarkeit sichergestellt. Zwischen diesen beiden Extremen bewegt sich der überwiegende Teil der betroffenen Mitarbeiter in Organisationen. Für den Spirit und den Erfolg von

Digitalisierungsprojekten braucht es die richtige Mischung aus Teammitgliedern von unterschiedlichen Positionen der Skala. Personen aus den Extremen der Skala sind besonders engagiert, ihre Position zu vertreten und für ihre Sicht einzustehen. Sie handeln aus absoluter Überzeugung. Personen aus dem mittleren Bereich der Skala können weder für das eine noch das andere außerordentlich gut einstehen. Sie sind dafür leichter in Projekte zu integrieren, da untereinander kompatibler. Je radikaler die Positionen sind, desto besser ist es für das Projekt. Ansonsten landet Ihr Projekt im Mittelmaß. Und wer will schon Mittelmaß liefern?

Verzichten Sie auf Mittelmaß und setzen Sie bewusst Überzeugungstäter von den beiden Enden der Skala gemeinsam in ein Projekt, so können sich enorme Vorteile ergeben. Für die Gesamtverantwortlichen ist dies jedoch ein Spagat und eine Herausforderung. Das gegenseitige Verständnis der Projektmitglieder erwächst nur schwer und ggf. erst nach dem Roll-out durch die Akzeptanz und hohe Wertschätzung der Projektergebnisse vonseiten Dritter. Während der Projektphase entstehen Fliehkräfte, denen man immer wieder durch Verständigung auf das klare gemeinsame Ziel begegnen muss. Darüber hinaus müssen die Verantwortlichen eine Akzeptanz auch und gerade bei den Personen aus den Extrempositionen der Skala erreichen. Am wenigsten »verbiegen« müssten sich Menschen aus dem mittleren Bereich, die Strecke zu den beiden Extremen ist für sie kürzer. Aber kann aus Mittelmaß ein überzeugendes Projektergebnis erschaffen werden? Sind die Verantwortlichen selbst auf einer der beiden Extrempositionen verortet, ist es mit der Akzeptanz des anderen Extrems schwierig. Eine ehrliche Überzeugung, dass jede Position ihren Wert hat und das Projekt bereichert, ist schon mal ein guter Ausgangspunkt.

Legen Sie sich nicht auf eine Methode fest. Lassen Sie den Wasserfall den Rahmen spannen und die Teams innerhalb der Realisierung agil arbeiten.

Entscheidend ist die bereichernde Verbindung der Stärken visionärer Träumer UND sachlich prozessualer Umsetzer.

16. Helikopter-Manager

In späteren Kapiteln des Abschnitts »Das richtige Vorgehen« wird noch detaillierter darauf eingegangen, dass schnell ausgerollte isolierte Vorhaben keine Tragkraft besitzen. Es bedarf vielmehr eines umfassenden Bildes, einer Story, in die sich einzelne Projekte einreihen und in ihrer Gesamtheit etwas schlüssiges Ganzes ergeben. Derartige Vorhaben brauchen Zeit und sind nicht innerhalb von 24 Monaten abgeschlossen.

Wenn Sie oder Ihr Unternehmen Projekte angehen, bedarf es Experten. Unabhängig davon, ob diese intern oder extern rekrutiert werden, erfolgt die Einbindung dieser Personen meist auf das konkrete Projekt fokussiert. Darüber hinaus sind die Auftraggeber im Management oder die Ressourcengeber vereinzelt durch externen Druck oder häufige Aufgabenwechsel eher kurzfristigen Zielen verpflichtet.

Um das umfassende Bild auch vollumfänglich vertreten zu können, braucht es Personen ohne kurzfristige Interessen, mit ebenso umfassenden Interessen, wie sie die Gesamtstory erfordert – also keine Job-Hopper und kein Team aus externen Beratern, deren Fokus auf dem kontrahierten Zeitfenster liegt. Ich gehe noch weiter: Es geht nicht nur darum, das umfassende Bild zu *vertreten*. Ohne die langfristig orientierten Personen wird es gar nicht gelingen, ein umfassendes Bild zu *entwerfen*, in das sich die Einzelprojekte einreihen. Seien Sie glücklich, wenn Sie solche Personen im Portfolio haben und einsetzen können. Ideal ist es, wenn diese Personen an möglichst unterschiedlichen Stellen in Ihrer Aufbaustruktur stehen und sie somit einen großen Wirkungskreis abdecken können.

Verlassen Sie sich nicht auf die Leidenschaft und Expertise von Personen mit Fokus auf vertragliche oder eigeninitiierte Zeitfenster.

Entscheidend für eine maximale Sinnstiftung einzelner Projekte ist der Fokus auf das aktuelle Projekt UND der Weitblick für das umfassende Gesamtbild.

17. Strategie im Warenkorb

Strategien sind unglaublich wichtig. Sie bestimmen maßgeblich viele nachgelagerte Maßnahmen, geben den Rahmen für Projekte und Investitionen, prägen die Wahrnehmung am Markt und lösen regelmäßig auch erhebliche Anpassungen im Unternehmen aus, z. B. durch Änderungen der Organisationsform, Umstrukturierungen jedweder Art. Aber auch die Anpassung von Produkten sowie Preisen ist häufiges Merkmal von Strategien.

In der reinen Lehre hilft die Strategie, ein geschäftspolitisches Ziel zu erreichen. In diesem Sinn wäre Strategie ein Maßnahmenbündel, um den Kurs auf das Ziel zu halten. Dazu bedarf es jedoch eines klaren, bereits vorhandenen Ziels. Sie kennen vielleicht auch Strategiesitzungen oder -entwicklungen, die ohne klares Ziel auszukommen scheinen. Darum soll es hier nun aber nicht gehen. Entscheidend ist die übergeordnete Bedeutung von Ziel und Strategie für alle daraus abgeleiteten Maßnahmen. Ziel und Strategie können also gar nicht hoch genug eingeschätzt werden. Sie sollten sinn- und handlungsleitend für Ihr Unternehmen sein.

Wer entwickelt eine Strategie? Ist das Unternehmen sehr klein, z. B. ein selbstständiger Schreinermeister, so ist klar, dass der Inhaber auch die Strategie entwickelt. Er hat eine Überzeugung, eine Haltung, eine Vision. Er möchte mit seinem Unternehmen etwas erreichen, setzt das Ziel, entwickelt eine Strategie, entscheidet Maßnahmen. Kurzum, er ist für alles verantwortlich; nicht nur für die Entwicklung der Strategie, sondern auch für deren Umsetzung. Dazu hat er sowohl die Verantwortung als auch die Kompetenzen in seiner Hand. Ebenso erlebt er die Auswirkungen von Erfolg und Misserfolg bei sich selbst.

Wird ein Unternehmen größer, zerfasern diese Punkte recht schnell. Gravierend wird das schnelle Auseinanderfallen von Kompetenzen und Verantwortung. So haben Finanzeinheiten oder IT-Einheiten häufig hohe Kompetenzen, Projekte, Vorhaben und Entscheidungen zu stoppen oder nicht, Vorgaben zu erteilen, Regularien aufzusetzen und Regelwerke im gesamten Unternehmen auszurollen. Demgegenüber steht jedoch erstaunlicherweise keine Verantwortung für die Ergebnisse.

Auch die Entwicklung einer Strategie wird gerne in eine eigene Einheit verlagert. Ich sage hier bewusst nicht »konzentriert« oder »gebündelt« oder »konsolidiert«, denn diese Ausdrücke würden einen positiven Wert suggerieren, als ob es sich um eine sinnvolle Zusammenfassung handeln würde. In Wirklichkeit ist es ein Zerfallen in eine Einheit mit dort isolierter Zuständigkeit für die Strategie. Diese Einheit wird dann gerne mit schwergewichtigen Namen wie »strategische Exzellenz«, »Business-Future-Strategie«, »Strategie-Hub« oder anderen hochtrabenden Namen versehen. Im weiteren Verlauf dieses Kapitels verwende ich den letzten Namen einfach weiter.

Ich habe gerade absichtlich die Formulierung »Zuständigkeit für Strategie« verwendet. Sind Sie beim Lesen darüber gestolpert? Das wäre gut. Denn eine solche bürokratische Denkweise ist hochriskant. Strategie wird eben nicht verwaltet und administriert. Sie ist Basis und Kern aller geschäftlichen Aktivitäten und hat daher auch nichts in einer einzelnen Einheit zu suchen. Wer Strategie im Organigramm in einem Kasten verortet, isoliert sie dort und entbindet alle anderen Einheiten, (Gesamt-)Verantwortung für die Strategie zu übernehmen. Außerdem zerfallen Verantwortung und Kompetenz unmittelbar. Strategieverantwortliche auf Ebenen unterhalb des Topmanagements haben weder die Kompetenz, eine Strategie umfänglich aufzustellen, noch tragen sie Verantwortung für die Auswirkungen einer Strategie. Diese Aufteilung ohne Schaden für das Unternehmen zu meistern, erscheint mir anspruchsvoll. Im Gegensatz zu unserer Schreinerei am Kapitelanfang müssen Überzeugung, Haltung und Vision zwischen Topmanagement und Strategie-Hub deckungsgleich sein, sonst weichen die zu erreichenden Ziele und die kommunizierte Strategie voneinander ab. Diese Deckungsgleichheit sicherzustellen, halte ich für eine anspruchsvolle Herausforderung.

Nun kennt jeder von Ihnen Strategieberatungen, die ihre Dienstleistungen gerne und intensiv anbieten. Diese Unternehmensberatungen aller unterschiedlichen Größen bieten Ihnen und Ihrem Unternehmen eine enorme Bandbreite an Leistungen an:

- Strategieentwicklung
- Strategieumsetzung

- Change(begleitung)
- Projektmanagement
- fachliche Unterstützung in allen denkbaren Themenfeldern
- und vieles mehr

Uns soll es um den ersten Punkt gehen, die Strategie*entwicklung*. Ich sehe hier Chancen und Risiken bei der Hinzunahme externer Unterstützung. Sicherlich sehr hilfreich für die Entwicklung einer Strategie ist es, wenn der externe Blick interne Überlegungen anreichern kann, wenn er ihnen Gegenhall gibt und die inhaltliche Auseinandersetzung auf höherem Niveau zu mehr Substanz und Wirkung führt. Ebenso ist es natürlich ein Mehrwert, sollten im Unternehmen nicht die notwendigen Erfahrungen vorliegen; Überzeugung, Haltung und Vision müssen schließlich entwickelt werden. In Bezug auf unsere Schreinerei könnten dies Herausforderungen eines jungen Nachfolgers sein, wenn der bisherige Inhaber der Schreinerei sich plötzlich und unerwartet, z. B. durch Krankheit oder Ausscheiden, nicht mehr einbringen kann. Kurzum: Eine externe Strategieberatung kann Expertise einbringen, die Ihr Unternehmen und die Strategie substanziell nach vorne bringt.

Ein enormes Risiko für Ihr Unternehmen – ich möchte es geradezu als existenzgefährdend einordnen – wäre es nun, die Strategieentwicklung »zuzukaufen«. Die Wahrscheinlichkeit, dass dieses Risiko eintritt, ist umso größer,

- je weiter die Verantwortung für Strategie zwischen Topmanagement und Strategie-Hub gespreizt ist,

- je weniger Überzeugung und Haltung,
- je weniger Vision und Leidenschaft,
- je weniger Erfahrung in der Entwicklung einer Strategie und
- je weniger positive Erfahrungen aus der Umsetzung von früher entwickelten Strategien in Ihrem Unternehmen vorliegen.

Sie können Strategieentwicklung nicht mit einem Klick in einen Warenkorb legen. Sie können sie nicht outsourcen. Wenn Sie sich fragen, ob Sie das eventuell möchten, wäre ein klares »Nein« gut.

Kurzer Exkurs: Rein hypothetisch, da wir uns nicht kennen: Stellen Sie sich einmal vor, Sie möchten Ihre Ernährung auf gesünder und kalorienärmer umstellen. Die Vernunft sagt Ihnen, Sie seien ein paar Kilo zu schwer; der Alltag sagt Ihnen, die Pizza vom Italiener ist nett und bequem erreichbar. Eine extern zugekaufte Zeitschrift mit Ernährungstipps führt bei Ihnen nicht zu einer Verhaltensänderung, bevor Sie nicht selbst eine neue Überzeugung, Haltung und Vision mit Leidenschaft für sich angenommen haben.

Kurzum: Externer Leistungszukauf für die Entwicklung einer Strategie kann eine wertvolle Unterstützung sein. Aber ohne Feuer und Leidenschaft vertrocknen selbst die besten externen Impulse in Ihrem Unternehmen.

*Überzeugung, Haltung, Vision und Leidenschaft
sind die Eckpfeiler einer Strategie.*

*Entscheidend für die Entwicklung einer
Strategie ist es, an einer einzigen Stelle
Kompetenzen, Haltung, Überzeugung UND
nachweisliche Erfahrung hierzu
zusammenzubringen.*

18. Radar, Fadenkreuz und Lupe

Notieren Sie bitte einmal rund 15 Namen von Personen in Ihrem Unternehmen, die für Sie in irgendeiner Weise mit Projekten und Vorhaben rund um kundenzentrierte Digitalisierung in Verbindung stehen. Für jeden Namen eine Zeile. Dann ergänzen Sie diese Liste bitte um drei Spalten. Die Spalten tragen die Überschriften »Radar«, »Fadenkreuz« und »Lupe«. Nachfolgend werden die drei Spalten beschrieben. Bitte vermerken Sie für sich hinter jedem Namen, welcher der drei Spalten Sie die Personen am ehesten zuordnen. Passt die Person aus Ihrer Sicht in mehrere Spalten, so können Sie Mehrfachzuordnungen vornehmen.

Radar
Darunter verstehe ich Menschen mit Weitblick. Sie schauen aus einer gewissen Distanz auf die Herausforderungen und Details, haben dafür einen weiteren Blick voraus. Der weitere Blick geht dabei nicht nur nach vorne, er beherrscht die Umsicht. Umsicht im doppelten Wortsinn als

- Erkennen von Gefahren und Risiken
- Blick um sich herum: nach hinten und zu den Seiten

Ähnlich wie ein Radar am höchsten Punkt des Schiffes für die beste Umsicht sorgt. Diese Menschen sind wichtig, denn sie erkennen Risiken früher, haben häufiger und auch in Krisenzeiten länger den Durchblick. Ihnen gelingt es jedoch auch am leichtesten, Visionen zu entwerfen und zu durchdenken.

Fadenkreuz

Das sind Menschen mit der Fähigkeit, ein Problem zu identifizieren. Nun können das relativ viele Menschen. Im Aufführen von Problemen gibt es eine große Zahl wahrer Experten. Um diese Art geht es mir hier nicht. Mir geht es um Menschen, die die Ursachen, den Kern der Probleme erkennen und herausarbeiten können. Es sind nicht die Nörgler und Pessimisten, es sind Menschen, die Sachlagen schnell und klar in den Fokus nehmen können. Die sich einer Auseinandersetzung mit den unbequemen Themen und den tatsächlichen Ursachen bestehender Probleme verschreiben können, um etwas Besseres zu schaffen.

Lupe

Hier sind die konkreten Tüftler gemeint, die sehr eng an einem Problem arbeiten und filigrane Lösungen erarbeiten, damit der Knackpunkt, der Problemkern, den sie unter ihrer Lupe sehen, gelöst werden kann. Echte Experten in diesen Details. Häufig gelingt nur ihnen der Blick durch diese Lupe, denn Sie wissen ja: Blickt man von der Seite als Zweiter durch eine Lupe, ist nichts zu erkennen. Es braucht die ideale Sicht auf das Problem. Nah und direkt. Bei dieser Arbeitsweise erkennt man konkret die Auswirkungen seines Handelns und legt die Lupe erst beiseite, wenn das Problem beseitigt ist.

Nachdem Sie Ihre Tabelle vervollständigt haben, stellen Sie sich nun vor, Sie würden ein Team nur aus Vertretern einer Spalte bilden. Dann eine Gedankenpause – ein guter Moment, sich einen Kaffee zu holen und darüber nachzudenken. Versetzen Sie sich anschließend in die Vorstellung, Ihr Team wäre gemischt aus Vertretern aller drei Spalten. Dieses Team wäre anderen deutlich überlegen.

Daher appelliere ich an Sie und Ihr Unternehmen, möglichst Vertreter aus allen drei Gruppen in Ihr Team zu wählen.

Haben Sie Personen gefunden, bei denen in zwei Spalten der zuvor erstellten Übersicht ein Eintrag steht? Dann herzlichen Glückwunsch. Personen, auf die alle drei Spalten zutreffen, sind selten. Nehmen Sie sich einen Moment Zeit und denken Sie aus der hier dargestellten Perspektive – Radar, Fadenkreuz und Lupe – über Ihr Team und Ihr Umfeld, vielleicht auch über Ihre Chefs nach.

Auf eine Gefahr muss noch hingewiesen werden, um Missverständnisse in diesem Kapitel auszuschließen. Die Menschen in der Spalte »Lupe« sind nicht etwa die Technik-Freaks ohne soziale Beziehungsfähigkeit in Ihrem Unternehmen. Die Menschen in der Spalte »Radar« sind nicht die begnadeten Strippenzieher und blumigen Redner ohne Fachkenntnis. Verfallen Sie also nicht in diese Stereotypen einer Zuordnung. Denn völig unabhängig, um welche Ausprägung es hier geht: Alle am Projekt Beteiligten sollten eine aktive Interaktion mit anderen Menschen pflegen und ihre Projektleistung und Projektergebnisse als einen Input in etwas größeres Ganzes verstehen.

*Jeder lenkt seine Blicke unterschiedlich.
Vom Visionär bis zum konkreten Tüftler
bereichert jeder ein Team mit seinen
unverzichtbaren Stärken.*

*Entscheidend ist die optimale Einbindung
von Visionären mit Überblick UND Tüftlern
mit Fokus.*

19. Dialog ist bidirektional

Dialog ist besser als Monolog. Niemand wird das in Zweifel ziehen.

Was leisten nun Lösungen und Arbeitsergebnisse in größeren Digitalisierungsprojekten – hier am Beispiel Analytik?

- Für eine noch genauere Bestimmung der Kundenbedürfnisse werden *mehr* Daten als bisher verwendet.
- Für eine schnellere Bearbeitung werden *zeitliche Lücken* durch bisher teils manuelle Bearbeitungsschritte *geschlossen*.
- Für eine Erhöhung der Vertriebs- und Absatzchancen werden *zusätzliche* Themen vertriebsrelevant aufbereitet.
- Für ein besseres ökonomisches Ergebnis werden
  - bestehende Systeme *ausgebaut* und *beschleunigt*,
  - bisher nicht angebundene Systeme künftig *integriert* oder *angedockt* und
  - zusätzliche Systeme *geschaffen*.
- Die Analytik zur Identifikation von Vertriebschancen wird *weiterentwickelt, verfeinert und optimiert*.
- Die Turnusse aus Analyse, Auslieferung, Bearbeitung und Berücksichtigung erfolgter Vertriebsansätze werden *kürzer* und kürzer.

Das klingt sehr beeindruckend und scheint nahezu jede Investition zu rechtfertigen. Die damit einhergehenden Umfänge von Projektvorhaben sind in finanzieller Hinsicht, aber auch hinsichtlich des zentralen Ressourceneinsatzes beachtlich. Die Projektergebnisse führen zu einem deutlich erhöhten Output in allen Dimensionen wie Quantität, Qualität, Intervall und Komplexität. Alle diese identifizierten Vertriebschancen stärken die Wucht, mit der diese Chancen nun der Vertriebsmannschaft »zugeführt« werden.

Wer ist Ihre Vertriebsmannschaft? Außendienstler mit mobilen Endgeräten im Außeneinsatz per Pkw? Agenten in einem Callcenter mit dem Auftrag, aus möglichst vielen Telefonkontakten einen Beratungstermin zu generieren? Mitarbeiter in einem Reisebüro, die Pauschalreisen so mit komplexeren Zusatzleistungen aufwerten können? Oder Mitarbeiter in Ihren Filialen, die möglichst jeden Kundenkontakt – auch Serviceanliegen – für vertriebliche Impulse nutzen sollen?

Es ist nicht wichtig, in welcher dieser genannten Funktionen Ihre Mitarbeiter tätig sind. Wichtig ist, es sind *Menschen*. Und diese Menschen sind eben mehr als ein Teil Ihres »Vertriebsapparates«, den Sie mit einem Digitalisierungsprojekt »automatisch« auf ein neues Level heben. Da hebt sich nichts automatisch, es wird auch kaum jemand auf genau Ihr Projekt gewartet haben. Vielmehr ist all diesen Menschen gemeinsam, dass sie es sind, die den direkten Kundenkontakt haben. Es sind diese Mitarbeiter, die die erste Kundenreaktion auf eine Ansprache erleben, und es sind diese Mitarbeiter, die ganz wesentlich für Ihr Unternehmen nach außen stehen. Und wenn diese Menschen dafür verantwortlich sind, Ergebnisse Ihrer Projekte zum Kunden zu transportieren – sollten sie dann nicht auch die Möglichkeit haben, Feedback zurück in die Zentrale zu geben? Sollten Sie nicht ein Interesse an der Anwendbarkeit Ihrer Projektergebnisse haben?

Es klingt wie eine Selbstverständlichkeit. Und doch bin ich bisher auf kaum ein Unternehmen gestoßen, welches dieses Feedback anbietet.

- Sie sagen, Sie hätten nach dem Roll-out einen Befragungsbogen versandt?
- Sie sagen, Ihre Führungskräfte aus den einzelnen Hierarchieebenen würden sich in wiederkehrenden Formaten über die zentrale Unterstützung äußern können?
- Sie sagen, es gäbe ein E-Mail-Postfach, in das Anregungen und Feedback hineingegeben werden könnten?

Schön, aber das reicht nicht und ist damit auch nicht gemeint. Der Befragungsbogen ist zeitlich punktuell; die Führungskräfte transportieren ohne eigenes Erleben ihnen zugeleitete Einzelfallbeispiele weiter, die ihr Standing und ihre Ansichten unterstützen; ein E-Mail-Postfach führt zu vom konkreten Sachverhalt losgelösten Allgemeinwünschen und verursacht nicht unerheblichen Dokumentationsaufwand.

Was ich anrege, ist ein dauerhafter, maschinell implementierter *Dialog*, in dem

- auf Einzelfallebene
- unmittelbar im Kundenkontakt
- konkret zum jeweiligen Thema
- ohne jedwede formularhafte Erfassung irgendwelcher Stamm- oder Kopfdaten
- der Zentrale
- zur Weiterentwicklung der durchgeführten vertrieblichen Ansprache

ein konkretes Feedback gegeben werden kann und dieses dann in der Zentrale

- maschinell ausgelesen,
- verdichtet,
- auf Auffälligkeiten fokussiert,
- für konkrete Optimierungen des jeweiligen Prozessschrittes oder Touchpoints verwendet wird

und alle Vertriebsmitarbeiter über Änderungen und Optimierungen transparent informiert werden.

Das wäre ein echter Dialog zwischen Zentrale und Vertrieb in der Fläche anstelle einer Einbahnstraße.

Wenn digitale Entwicklung so zu einem Miteinander führt, zu einer neuen Form der Kollaboration, besteht auch die Chance, dass Egoismen reduziert werden. Nicht mehr »ich« und »mein« stehen an erster Stelle, sondern »wir«

und »uns«. Eine großartig genutzte Chance aus der Digitalisierung.

Verfallen Sie nicht der Sicherheit, viel Technik und viele Ressourcen im Projekt führten zwangsläufig zu besseren Projektergebnissen.

Entscheidend ist das Realisieren technischer Innovationen UND der laufende, implementierte Dialog hierüber mit den nutzenden Vertriebseinheiten.

20. Empathisches Interesse an der Kundenmeinung

Kundenbefragungen gehören zum guten Ton. Ihre Intensität und die Selbstverständlichkeit, nach seiner Meinung gefragt zu werden, haben im Lauf der jüngsten Dekaden stark zugenommen. Die Digitalisierung hat hier einen erheblichen Anteil, denn nie war es einfacher (und günstiger), Kunden systematisch nach ihrer Zufriedenheit zu befragen. Ich möchte hier nicht den Fokus auf die wissenschaftlichen Herausforderungen legen, welche Art der Frage die Zufriedenheit am besten wiedergibt. Ist es die wahrgenommene eigene Zufriedenheit, ist es die Weiterempfehlungsbereitschaft, die tatsächliche Anzahl von Weiterempfehlungen oder einfach die erfolgte Ausweitung und Festigung der Kundenbeziehung durch Wiederholungskäufe? Mir geht es hier um das »Modul Kundenzufriedenheit« als projekthaft betriebene Maßnahme, Zufriedenheit von Kunden in welcher Form auch immer systematisch abzufragen. Also nicht um den Umgang mit konkret vom Kunden initiierten Beschwerden oder Reklamationen.

Die Mehrzahl dieser Entwicklungen sehe ich kritisch und möchte daher darauf eingehen:

Sie kennen sicher folgende Situation: Im Restaurant werden Sie beim Abräumen der Teller gefragt: »Hat es Ihnen geschmeckt?« Und in Sekundenschnelle ist der nächste Teller abgetragen. Wer hat dabei ein ehrliches Interesse an Ihrer

Meinung? Jeder gute Gastronom würde das natürlich für sich reklamieren. Mir geht es an dieser Stelle um den Großteil der Restaurants, in denen diese Frage zu einer reinen Floskel verkommen ist. Und spätestens, wenn selbst über eine positive Rückmeldung schnell und hektisch lächelnd hinweggegangen wird, ist jedem klar, dass sowohl Ihre Meinung als auch Ihre Zufriedenheit gar nicht interessiert.

Für den Fall des Restaurants können Sie das sicher nachvollziehen. Ist das in Unternehmen anders? Ich selbst empfinde nahezu jede Zufriedenheitsbefragung von Unternehmen als Feigenblatt, wie wichtig doch der Kunde sei und wie sehr genau er im Mittelpunkt stehe.

Ich erwarte im Restaurant ein ehrliches, empathisches Interesse an meiner Meinung und ich erwarte von einem Unternehmen eine glaubhafte Handlung aus den erfolgten Befragungen.

- Vermutlich knapp 100 % von Ihnen kennen Kundenzufriedenheitsbefragungen.
- Vermutlich über 80 % von Ihnen kennen den NPS als ultimative Frage.
- Vermutlich haben weit über 60 % von Ihnen bereits an Kundenzufriedenheitsbefragungen teilgenommen.
- Wie viele von Ihnen haben bereits eine individuelle Rückmeldung auf eine so geäußerte Zufriedenheit oder Unzufriedenheit erhalten?

5 % von Ihnen oder 10 %? Auf jeden Fall viel zu wenige. Was für ein enormes Delta. Gerade bei der systematischen digitalisierten Erhebung an zig Touchpoints ist die Gefahr

riesig, dass Zufriedenheiten nur noch zu Kennziffern zusammenschmoren wie Zwiebeln in einer heißen Pfanne. Zeitreihen der KPI lesen sich schön, lassen sich auch sehr gut mit harten ökonomischen Kennziffern in Reporting-Dashboards zusammenführen und suggerieren dem Unternehmen, wie weit man bei der Kundenzentrierung bereits gekommen sei. Jede Verbindung zur Kombination aus Ursache und Wirkung ist an dieser Stelle schon lange aufgelöst. Eventuell angestoßene Maßnahmen könnten optimierend wirken – aber ob genau diese Maßnahmen es sind, wird nicht mehr feststellbar sein, da in der Regel keine saubere Erhebung der Wirkweise mit klar definierten Ziel- und Kontrollgruppen vorgenommen wird.

Somit entfalten in KPI überführte Befragungen zur Kundenzufriedenheit unternehmensintern managerielle Wirkung und setzen auch Ressourcen für Maßnahmen frei. Ob aber konkret diese Maßnahmen Zufriedenheit oder Kaufverhalten beeinflussen, bleibt offen.

Im Ergebnis haben wir es so mit einer bidirektionalen Entkoppelung zu tun. Weder wird der konkreten Meinung des einzelnen Kunden ein konkretes einzelnes Feedback gegenübergestellt, noch wird den abgeleiteten Maßnahmen eine darauf fokussierte Messung gegenübergestellt.

Werfen wir nun noch einen Blick auf die sich daraus ergebenden Folgeschäden:

- Wenn Kunden immer und immer wieder befragt werden, aber keine Reaktion erhalten, führt dies zu einer –

ggf. unbewussten – Abstumpfung gegenüber diesen Befragungen. Die Bewertungen werden unsachlich, spontaner, unüberlegter oder gar ohne jede Überlegung abgegeben.
- Je mehr Maßnahmen durch das Unternehmen ergriffen werden, umso unverständlicher ist es für das Unternehmen, wenn sich daraufhin die Zufriedenheitswerte nicht ändern.
- Somit bewegen sich beide Seiten (Kunde und Unternehmen) in der weiteren Entwicklung immer weiter voneinander weg statt aufeinander zu.
- Es kommt zu dem Paradoxon einer Unzufriedenheit und Entfremdung durch (falsch) genutzte Zufriedenheitsbefragungen.

*Wille zur Optimierung setzt
ein empathisches Interesse an der Meinung der
Kunden voraus.*

*Entscheidend für die Verbesserung der Kundenzufriedenheit ist deren konsequente Erhebung
UND die auch für den Kunden transparente
Rückkopplung der aus seinen Impulsen für ihn
angestoßenen Maßnahmen.*

21. Experten, die mitgestalten *wollen*

In liniennahen Führungsaufgaben verwende ich gerne das Bild des dreibeinigen Künstlerschemels, der auf unebenem Untergrund steht. Die drei Beine stehen für »fachliches Know-how«, für »Persönlichkeit« und für »Methodenkompetenz«. Nachfolgend ein paar Beispiele zum Verständnis:

Das fachliche Know-how speist sich z. B. aus Erfahrung, Fachwissen, Kenntnissen des Unternehmens und der Produkte sowie exzellentem Überblick über Abhängigkeiten zu angrenzenden IT-Systemen oder anderen Organisationseinheiten im Unternehmen.

Die Persönlichkeit speist sich z. B. aus Leidenschaft, Zuhörenkönnen, Teamgeist, sich nicht (künstlich) in den Vordergrund spielen, Verlässlichkeit, Überzeugungs- und Leistungsbereitschaft; kurzum aus Kompetenzen, die in der eigenen Person liegen, unabhängig vom Thema.

Die Methodenkompetenz speist sich z. B. aus taktischem Geschick, (visionärem) Weitblick, Lösungskompetenz bei vorliegenden Problemen, Moderationsfähigkeit, der Kompetenz für Fokussierung und Priorisierung sowie der Sicherheit, sich nicht von oberflächlichen Argumenten aus der Kurve tragen zu lassen.

Jeder Mitarbeiter hat eine unterschiedlich starke Ausprägung in jeder dieser drei Dimensionen. Sind alle drei Dimensionen schwach ausgeprägt, kann der Schemel seine Funktion nicht erfüllen. Er ist zum Sitzen zu niedrig. Das Idealbild mit drei exakt gleich stark ausgeprägten Dimensionen, also einer ebenen bequemen Sitzposition in idealer Höhe, mag es vielleicht in der Theorie geben. Die Mitglieder in den jeweiligen Projektteams sind jedoch Personen mit individuellen Stärken. Nicht alle drei Dimensionen sind somit gleich stark ausgeprägt. Der eine Mitarbeiter ist ein ausgewiesener Experte, aber methodisch noch nicht so sicher, ein anderer ist extrem aufgeschlossen, ihm fehlen jedoch noch Teile des fachlichen Know-hows. Lassen Sie Ihre Gedanken einmal in Ihrem Umfeld kreisen; Sie werden sicher schnell ein paar Mitarbeiter aus Ihrem Unternehmen im Kopf haben, jeder mit unterschiedlichen Stärken in den drei Dimensionen. Bis zu einem gewissen Maß ist das auch nicht nachteilig, sondern sogar bereichernd. Gerade wenn das Terrain unsicher, der Untergrund nicht immer eben ist, kann es sich als Vorteil erweisen, wenn eine Dimension – ein Bein – besonders stark ausgeprägt ist. Und Ihnen kommt vielleicht sowohl ein Fachexperte in den Sinn, mit dem kaum jemand zusammenarbeiten möchte, als auch ein brillanter »Menschen-beim-Reden-für-sich-Gewinner« mit erheblichen Defiziten im fachlichen Know-how. Zu einer Herausforderung wird es dann, wenn die Dimensionen in einem dermaßen ungleichen Stand ausgeprägt sind, dass Sie den Schemel lieber nicht einsetzen möchten.

Ich ertappe mich immer wieder dabei, dass mich insbesondere die Mitarbeiter motivieren und anspornen, die keine der Dimensionen vernachlässigt haben und alle drei Dimensionen in annähernd gleichem Maße mitbringen können.

Und damit kommen wir zur Überleitung von der klassischen Führungsaufgabe in liniennahen Tätigkeiten hin zu unseren Digitalisierungsprojekten. Es reicht nicht mehr, diese drei Dimensionen mitbringen zu *können*. Man muss sie mitbringen *wollen*, man muss dafür brennen sie einzubringen und es muss ein fruchtbarer Boden bereitet sein, auf dem diese Kompetenzen sich entwickeln und auf etwas Größeres einzahlen können.

Das klingt sehr verlockend und positiv – Leidenschaft für Entwicklung. Aber ist das so klar? Auf der anderen Seite stehen dem auch beachtliche Punkte entgegen:

- Bewährtes wird verlassen.
- Unbekanntem wird Raum gegeben.
- Erfolge sind ungewiss.
- Je neuer das Thema, umso weniger kann auf Erfahrungen gebaut werden.
- Veränderungen in Arbeitsweise, -methode und -technik kommen auf die Mitarbeiter zu.
- Unsicherheiten wachsen.
- Bekanntes verliert an Wert.
- Widerstände im Umfeld nehmen zu.

Und dieser Widerspruch zwischen Leidenschaft für Entwicklung und Bequemlichkeit im Status quo kann schnell dazu führen, dass sich für das Projektgeschäft und die Weiterentwicklung Ihres Unternehmens ganz andere Personen in besonderer Weise eignen, als das im Liniengeschäft der Fall wäre. Ich weise so ausdrücklich darauf hin, weil ich immer wieder erlebe, dass aus der guten Zusammenarbeit und hohen Akzeptanz außerhalb von Projekten sich (zu) häufig die Rekrutierungen für Projektarbeit ergeben. Den besten Linienexperten zum Topprojektmanager zu machen, überträgt dessen Stärken in das Projektgeschäft, behindert aber die Ausnutzung aller möglichen Veränderungspotenziale und Chancen, die das Projekt bietet. Ist ein Projekt einmal abgeschlossen, ist auch das Chancenfenster der Veränderung wieder geschlossen.

Reflexhaft könnten wir nun fordern, Personen zu favorisieren, die sich den oben genannten Veränderungen gerne stellen, sie auch mitgestalten wollen. Ja, das ist richtig, aber leider wäre auch das zu kurz gesprungen. Jedes Projektergebnis sollte nach Realisierung auch »betriebsfähig« sein und für Ihre Kunden und Ihr Unternehmen einen dauerhaft wirksamen Vorteil bringen. Es braucht Mut, wirkliche Veränderungsverantwortung im Projekt übernehmen zu wollen.

Dieses Spannungsfeld kann nur fallbezogen für Ihre konkrete Situation (Mitarbeiter, Management, Aufgabe, Größe, Organisation etc.) aufgelöst werden. Es gilt, die »beste« Entscheidung zu treffen.

Sie kennen vermutlich das Zitat von Voltaire: »Das Bessere ist der Feind des Guten.« Ich möchte es hier abwandeln zu: »Das Bequeme ist der Feind des Guten / des Wirksamen.«

Schnelle Entscheidungen sind oft zu bequem, um gut zu sein, um eine Wirkung für Ihr Unternehmen zu erreichen. Es braucht ebenso den Mut, unbequeme Entscheidungen vorzubereiten, ihnen den Weg zu ebnen und sie im Anschluss konsequent zu vertreten.

Eine Gruppe von Fachexperten macht noch keinen Projekterfolg.

Entscheidend für das furchtlose Entwickeln von etwas Neuem ist das vorhandene Set an Kompetenzen UND der eigene Wille, diese in das Projekt mit einzubringen zugunsten von etwas Größerem.

Die richtigen Themen

Die Kapitel dieses Abschnittes spüren erfolgskritischen Themen für echte Kundenzentrierung nach. Denn ein großes Projektbudget oder eine lange Zeitdauer oder eine im Organigramm hoch angesiedelte Projektleitung sind noch lange kein Garant dafür, dass die Kundenzentrierung einen deutlichen Schritt nach vorne gebracht wird. Was letztlich für Sie die richtigen Themen sind, müssen Sie entscheiden und kann Ihnen auch durch dieses Buch nicht vollumfänglich beantwortet werden.

In diesem Abschnitt ermuntere ich Sie, knallhart zu entscheiden:

- Was sind Themen, die Sie und Ihr Unternehmen tatsächlich näher zum Kunden bringen?
- Was sind Ablenkungen und Pseudomaßnahmen, die ebenfalls Aktivität zum Kunden hin suggerieren, sie aber nicht leisten?
- Welche Aktivitäten, Fokussierungen, Maßnahmen haben überhaupt eine Chance auf Relevanz und eine positive Auswirkung für Ihr Unternehmen?

Projekte zur Kundenzentrierung sind aus meiner Sicht die Königsdisziplin bei Digitalisierungsprojekten, denn es geht eben nicht um reine Einsparungen und Optimierungen. Empfänger ist eben nicht ein Folgeprozess, sondern der Kunde. Automatisierung und Individualisierung zu einem Mehrwert für Kunden und Unternehmen zu vereinen, ist leichter gesagt als getan. Das ist übrigens genau der Antrieb, der mich dazu bewegte, dieses Buch zu schreiben.

Ich bin immer wieder überrascht, welche Maßnahmen als Projekte zur Kundenzentrierung bezeichnet werden und wie isoliert, punktuell, beschränkt, maschinell und unpersonalisiert deren Ergebnisse sind.

22. Regelbasierte Kundenansprachen

Es scheint so einfach, Kunden durch Verwendung einer simplen Regel bei einem überzogenen Konto direkt einen Kredit anzubieten. Wunderbar lässt sich in Use Cases wie zum Beispiel einer App zeigen, wie einfach es doch wäre, dann mit nur einem Klick einen Kreditbedarf zu decken.

Wenn zur Abrundung noch eine weitere Regel greift, die bei einem Kontoguthaben von über 10.000 Euro direkt eine Geldanlage empfiehlt, weiten sich beim Publikum die Augen und es klingt zwingend sachlogisch.

Einige Beratungshäuser setzen hierauf ihren Verkaufsansatz und möchten alleine schon mit dieser Idee überzeugen. »Rule-Engine«, »Decision Hub«, »Next Best Offer Machine«, »Solution on the Fly«, »DFN (Direct Fulfillment of Needs)« und andere kreative Ideen geben diesem Ansatz attraktive Namen.

Doch dies ist eine unzulässige Verkürzung der Kundensituation. Mit ein paar Minuten Überlegung können wir diesen Ansatz als für unser obiges Beispiel ungeeignet enttarnen. Der Kunde mit dem überzogenen Konto verfügt auf seinem zweiten Konto über ausreichendes Guthaben oder er besitzt ein Wertpapierdepot in der mehrfachen Höhe oder ihm wurde erst kürzlich eine Kreditanfrage abgelehnt.

Neben diesem Beispiel für Banking wechseln wir die Branche und schauen uns ein Beispiel aus der Versicherungsbranche an. Wer ein kleineres Auto als bisher versichern möchte, hat Geldengpässe und sollte einen Low-

Budget-Tarif angeboten bekommen. Wer sein Auto in einer Garage parkt, legt gesteigerten Wert auf Sicherheit und sollte daher eine Ausweitung seiner Hausratversicherung angeboten bekommen. Wessen Beitragsabbuchung zur Kapital-Lebensversicherung mangels Deckung nicht beglichen wurde, benötigt eine Aussetzung der Beitragszahlung. All dies sind mögliche Gründe, aber nicht ausreichend relevant, um ein regelbasiertes Angebot an den Kunden auszuspielen. Das kleinere Auto kann auch zum Zweitwagen geworden sein, weil Partner oder Partnerin ein größeres Fahrzeug erhalten haben; der Platz in der Garage kann lange auf einer Warteliste gestanden haben, und nun wurde endlich ein Platz frei; die fehlende Beitragsabbuchung kann durch verspäteten Eingang einer Gehaltszahlung bedingt sein.

Ja, nicht alle Informationen liegen dem Unternehmen in korrekter Weise vor. Aber gerade deshalb sollte jeder vertriebliche Impuls eben nicht nur auf einfachen Regeln, sondern auch auf allen verfügbaren Informationen beruhen, um die Kundensituation bestmöglich einzuschätzen.

Verfallen Sie nicht einfachen Regeln.

Entscheidend sind regelbasierte Auslöser UND eine umfassende Betrachtung aller Informationen.

23. Events oder Data-Mining

Früheres Kampagnendesign beruhte häufig auf Erfahrungswerten oder persönlichen Einschätzungen sogenannter Experten, wie z. B.: »Kunden mit mehr als 40 Euro Umsatzvolumen für ihren Mobilfunkvertrag sind besonders geeignet für die Ansprache auf höhervolumige bzw. höherpreisige Produkte.«

Hinter einer solchen Vermutung verbirgt sich – nichts. Kein Ansatz für Kundennutzen, keine Relevanz für den Kunden. Es ist schlicht und einfach eine produkt- und unternehmenszentrierte Sicht auf »Wen könnten wir denn noch ansprechen?«, also das klassische »Produkt sucht Kunde«.

Zum Glück haben sich in den vergangenen Jahren zwei andere Stoßrichtungen ihren Weg gebahnt.

Eventgetriggerte Ansprachen erlauben die Beachtung von konkreten Momenten im Kundenlebenszyklus. Wer erstmalig ein Auto mit sieben Sitzplätzen versichert, dessen Lebenssituation hat sich vermutlich geändert. Wer am unteren Ende seines Verfügungskredites steht und wessen Zugriffe auf das Onlinebanking sich vor dem sonst üblichen Termin des Gehalts oder Rentengeldes deutlich erhöhen, der hat vermutlich einen finanziellen Engpass.

Somit haben Vorschläge, ganz auf Events zu setzen und eine Rule-Engine möglichst viele dieser Ereignisse berücksichtigen zu lassen, gerne Fürsprecher. Es klingt sehr logisch und nachvollziehbar. Selbst bei nur punktuell verfügbaren Datenbeständen lassen sich hier sehr schön Use Cases aufzeigen, die auch im Management verfangen.

Aus meiner Sicht bieten diese eventgetriggerten Ansprachen jedoch einen anderen, weitaus höher einzuschätzenden Vorteil: In der Kundenwahrnehmung kann eine überaus hohe Achtsamkeit gezeigt werden. Wird der Kunde zum richtigen Moment kontaktiert, spricht dies für eine Ausrichtung an den Kundenbedürfnissen. Ein Wow-Effekt beim Kunden ist so möglich, ohne dass zusätzliche Incentives auf den Weg gebracht werden müssen. Jedoch ist zu beachten, dass sich lediglich der Auslöser maschinell identifizieren lässt. Der daraus resultierende Bedarf bleibt bis zur Validierung nur eine Vermutung. (Der Siebensitzer kann für den Transport der halben Fußballmannschaft des Sohnes benötigt werden, die intensive Überwachung des Geldeingangs kann mit der Neugier auf das neue Nettogehalt nach einer Gehaltserhöhung begründet sein).

Wenn Sie einen Vertriebsapparat haben und z. B. Außendienstmitarbeiter oder Agenten für die Leistungen Ihrer Analysen begeistern wollen, spielen die eventgetriggerten Ansprachen auch hier ihren Vorteil aus. Denn genau der Moment, der Anlass, der Grund, weshalb der Kunde nun kontaktiert werden sollte, ist das, was dem Vertriebsapparat ohne zentrale Unterstützung eben nicht auf der Hand liegt. Die eventgetriggerten Ansprachen bieten genau dies. Darüber hinaus erzielen Sie einen Wow-Effekt bei den Kunden durch die von ihnen wahrgenommene Aufmerksamkeit der Vertriebsmitarbeiter.

Data-Mining als Basis für die Ansprachen ist eine gänzlich andere Herangehensweise. Kurzer Exkurs: Mit Data-Mining-Methoden werden Eigenschaften und Merkmale bisheriger Käufer herauskristallisiert. In einem zweiten Schritt wird untersucht, welche der eigenen Kunden zwar mit diesen Eigenschaften und Merkmalen hohe Übereinstimmungen aufweisen, das entsprechende Produkt aber noch nicht abgeschlossen haben.

Ein großer Vorteil ist die somit mögliche Abkehr von der »Bauchschätzung« sogenannter Experten. Wenn ein Vertriebsmitarbeiter berichtete, sein Produkt sei besonders gerne von Frauen im Alter zwischen 40 und 60 Jahren im ländlichen Raum erworben worden, so wurde in früheren Zeiten eventuell die Zielgruppe für alle Außendienstler in einer Kampagne so festgelegt. Dieses Vorgehen ist mehr als abenteuerlich und schnell enttarnt. Denn es kann für die Häufung der Verkäufe an diese Gruppe auch ganz andere Erklärungen als deren Affinität geben: Der Vertriebsaußendienstler hat seinen Dienstwagen BMW 530d eben besonders gerne über die Landstraßen gelenkt und die Kunden zu den Zeitfenstern besucht, zu denen ein höherer Anteil an Frauen (und Müttern) zu Hause anzutreffen war, als dies zu einem späteren Zeitfenster der Fall gewesen wäre. Doch in Wirklichkeit hätte das Produkt auch sehr gut an Menschen zwischen 20 und 40 im städtischen Bereich zu späteren Besuchszeiten verkauft werden können, was jedoch einfach nicht geschehen ist.

Data-Mining räumt sehr gut mit diesen Missständen auf und identifiziert ohne persönliche Vorlieben die affinsten Kunden. Ein enormer Vorteil für große Vertriebsorganisationen und ebenso für Organisationen, die keine feste Berater-Kunde-Beziehung halten und somit wenig aus dem persönlichen Kontakt ziehen können. Dazu werden die getroffenen Merkmals- bzw. Eigenschaftskombinationen in der Regel auf den gesamten Kundenbestand angewandt, Data-Mining ist somit leicht skalierbar, große Kundenstämme limitieren nicht, sie machen die Ergebnisse eher genauer.

Leider hat auch Data-Mining Nachteile: Durch die Übertragung der bisherigen Merkmals- bzw. Eigenschaftskombinationen auf künftige Verkaufserwartungen werden auch die bisherigen Vertriebsmuster (wen hat der Vertrieb besonders angesprochen?) fortgeschrieben. Würden sich also durch andere Anspachekonzepte oder andere Zielgruppen ggf. zusätzliche Absätze generieren lassen, so bleibt das durch Data-Mining unentdeckt.

Gravierendster Nachteil ist jedoch die fehlende konkrete Anwendbarkeit der Mining-Erkenntnisse für den Vertrieb. Mit welchem Vertriebsansatz sollte der Kunde angesprochen werden? »Ich wollte mich mal melden, weil unser Algorithmus mir sagt, Sie würden das Produkt wahrscheinlicher brauchen als andere«, klingt nicht sehr ansprechend und ist nicht kundenzentriert.

In welche Richtung soll man gehen? Eventgetriggerte Maßnahmen sind nicht skalierbar, aber vom Ansatz her sehr kundenzentriert. Data-Mining ist skalierbar, aber nicht sehr kundenzentriert und somit eher für Outbound-Maßnahmen geeignet.

Hören Sie auf keinen, der Ihnen entweder eventgetriggerte Ansprachen oder Data-Mining als Allheilmittel verkauft.

Entscheidend sind kundenzentrierte, eventgetriggerte Ansprachen UND über Data-Mining hergeleitete Vertriebsansätze.

24. Nutzung von Artificial Intelligence

Ein breites Feld. Wenn im B2C-Geschäft die Begriffe »Artificial Intelligence«, »unüberwachtes Lernen« oder »Machine Learning« verwendet werden, dann ist dies oft Ausdruck einer oberflächlichen Kenntnis der Systeme. Getrieben von der Notwendigkeit und der Überzeugung, moderne Trendthemen mit zu besetzen, werden hohe Investitionen in Mensch und/oder IT geleistet, um hier merklich nach vorne zu kommen.

Was bedeutet in diesem Zusammenhang »nach vorne«?

- In der Vermarktung des Unternehmens sollen die Themen Data Science und Advanced Analytics als besetzt gelten.
- In der internen Sicht lassen sich so erhebliche Ressourcen auf eine Einheit allokieren.
- Bei ersten punktuellen Erfolgen erscheinen die Möglichkeiten der Skalierung auf mehrere Anwendungsfälle sowie größere Kundenzahlen verlockend.
- Innerhalb des Unternehmens lässt sich durch die konzentrierte Ansiedlung des Themas ein Expertenzirkel etablieren, der durch seine Abgegrenztheit ein gewisses Maß an Exklusivität auszustrahlen verspricht.

Häufig ungelöst bleibt jedoch der Punkt einer Operationalisierung des Data-Minings:

- Laborergebnisse ohne Praxisanwendung entfalten keine ökonomische Wirkung.
- Forschung ohne Kenntnis von Vertrieb, Beratungsprozessen und Kundenbedürfnissen analysiert am Bedarf vorbei.
- Vermeintlich hohe Erfolgsquoten bei kleinen, spitzen Forschungsgruppen sinken bei Ausweitung auf größere Kundenzahlen unmittelbar.
- Empfängern der Analyseergebnisse fehlt das Verständnis für die Einordnung der Verfahren. Das führt zur Über- oder Fehleinschätzung der hieraus entstehenden Möglichkeiten.
- Punktuelle Analyseergebnisse werden nicht schnell genug und insbesondere nicht laufend aktualisiert.
- Aus den oben genannten Punkten ergibt sich eine Abwehrhaltung oder ein Vorurteil: »Most typical Data Science Capability: Great Fun – no Value«. Das ist sicher eine Fehleinschätzung.

Wie kommt man dagegen an? Data Science darf keine Laborarbeit fern des Vertriebs sein. Data-Mining-Methoden müssen tagtägliche Begleiter sein und genauso selbstverständlich wie das unterbrechungsfreie Laufen von Onlineshops, wie das laufende Aktualisieren von Preisen und das Aussenden von Vertriebsimpulsen.

Fragen Sie einmal in Ihrem Umfeld oder bei Referenzen, wo dies gelungen ist. Die Realisierung in jedem Unternehmen ist – in allen Phasen – eine enorme Herausforderung. Zu Beginn existieren punktuelle Einheiten, die bereits Data Science einsetzen. Wollen Sie diese Expertise für das ganze Unternehmen zur Entfaltung bringen, müsste es an einer Stelle gebündelt werden, sodass auch Einheiten ohne bisherige Erfahrung und ohne die Möglichkeit, hierzu Know-how aufzubauen, auf diese Ressourcen zugreifen können. Alleine dadurch jedoch müssten sich bestimmte Ressourcen in einer zentralen Einheit wiederum auf mehrere Businessprobleme aufteilen. Drei Umstände vereiteln hier häufig den Erfolg:

- Technisch isolierter Blick auf Forschung und kleine über der Nachweisgrenze liegende Verbesserungen im »Labor«.
- Fehlendes Verständnis über die Möglichkeiten – und Unmöglichkeiten – des Data-Minings: Zu oft wird dem Data-Mining eine hellseherische Fähigkeit zugesprochen, die zielsicher exakt die Kunden vorhersagt, die nur auf den Vertriebskontakt warten, um das ermittelte Produkt direkt abzuschließen. Dem ist nicht so. Data-Mining erhöht die Wahrscheinlichkeit, bietet jedoch keine Sicherheit. Wenn Sie jetzt beim Lesen denken, »das weiß doch jeder, was für eine langweilige Darstellung«, dann machen Sie gerne in Ihrer Organisation den Test.
- Die Distanz zum Businessproblem führt immer wieder zu Missverständnissen, zusätzlichen Kommunikations- und Abstimmungsaufwänden und somit in der Regel nur mühsam mit einmal generierten Erkenntnissen zu einer Anwendung an einer engen Zahl von Kunden (gerne bezeichnet mit »Pilot«, »Minimum Viable Product« oder »Schnellboot«).

Gestalten Sie Data Science nah am Businessproblem – und als Selbstverständlichkeit.

Entscheidend ist die Verbindung von Forschung UND produktiver, vertriebswirksamer Anwendung.

25. Klasse statt Masse

Die Kapitelüberschrift ist ja eine klassische Redewendung und appelliert an Qualität anstelle von Quantität. Wer wollte dagegen schon das Wort erheben und sagen, Qualität sei ja nun wirklich nicht wichtig. Gleichzeitig wird Masse hier als Negativbegriff verwendet. Dabei ist Masse alleine kein negativer Begriff. Hier wird nur suggeriert, dass es um die Wahl geht, *entweder* Klasse *oder* Masse zu erhalten. Wobei Klasse automatisch mit geringen Fallzahlen gleichgesetzt wird. So als ginge es um die Forderung: »Wenn du wirklich etwas Großartiges haben möchtest, dann wird es nicht viel davon geben – wundere dich nicht.«

Klasse sollte jede Kommunikation sein. Jeder Impuls an den Kunden braucht Relevanz und Individualität. Dabei können durch spitze Zielgruppen und eng gesteckte Zeitfenster für auslösende Events durchaus geringe Fallzahlen resultieren. In der internen Betrachtung erhöhen sich dadurch die Ressourcen für die Erstellung, Kreation, Selektion, Durchführung und Messung derartiger Kundenansprachen. Doch das sollte keine Probleme auslösen. Noch deutlicher: Es darf kein Problem mehr auslösen – weder intellektuell noch technisch. Die interne Betrachtung muss sich nach dem Kunden richten, und nicht die Kundenansprache nach den intern am bequemsten handhabbaren Maßnahmen.

Auf der anderen Seite wird Masse gleichgesetzt mit minderer Qualität. Die Einstellung »Klasse oder Masse« führt schon in die Denkfalle, dass es gute Qualität nicht skalierbar und dass es hierzu auch keine Alternativen gäbe. Doch, die gibt es: Auch wenn durch spitzere Maßnahmen natürlich die Menge in *diesem* Moment in *diesem* Thema für *diesen* Kanal reduziert wird, so sollte doch im Gegenzug

- die Menge der Maßnahmen erhöht werden,
- die dauerhafte Nutzbarkeit dieser Maßnahmen sichergestellt werden,
- ein manueller Aufwand für deren Durchführung vermieden werden (sonst kommt es immer wieder zu unnötigen Ressourcendiskussionen und Bewertungen von Maßnahmen, alleine bedingt durch den internen Aufwand) und
- eine Messung der Erfolge aller einzelnen Maßnahmen dauerhaft sichergestellt sein.

Auf eine Gefahr möchte ich noch hinweisen. Verantwortliche im B2C-Geschäft definieren sich und ihre Gestaltungsmöglichkeit häufig über die reine Masse, also die Quantität ihrer Arbeit. Sprüche wie »Viel hilft viel« scheinen Geisteshaltung und Methoden zu prägen. Derartige Arbeitsweisen zeigen jedoch in hohem Maße den fehlenden Respekt gegenüber den Kunden, deren Zeit und ihren Bedürfnissen. Bedauerlicherweise kann in Einzelfällen auch durch solche Maßnahmen zusätzlicher Uplift generiert werden, doch die Kundenbeziehung wird für folgende Kontakte nachhaltig geschädigt.

*Lassen Sie sich nicht in eine Entscheidungsfalle
für Masse oder Klasse locken.*

*Entscheidend sind viele kleinteilige sowie spitz
zugeschnittene Einzelmaßnahmen UND
deren Gesamtwirkung als großes Ganzes – als
Masse mit Klasse.*

26. Im Unternehmen gewachsene Kanäle

Jeder Kanal hat seine Stärken und Schwächen. Mobile hat hohe Interaktion, der Brief hat keine integrierte Abschlussstrecke, ein Agenturvertrieb hat Agenten zwischen Zentrale und Kunde geschaltet, das Callcenter hat einen sehr hohen Inbound-Anteil usw. Das alles sind Selbstverständlichkeiten. Auf die Vor- und Nachteile gehe ich im nächsten Kapitel ein. Hier greifen wir uns einen Punkt fokussiert heraus: analoge vs. digitale Kanäle.

Onlinehändler können sich sehr fokussiert auf ihren Onlineshop konzentrieren. Prozesse, Beratung, Interaktion – fast alles ist digitalisiert und skalierbar. Menschliche Interaktionen erfolgen nur im Ausnahmefall, daher lassen wir diese Ausnahmen hier auch unberücksichtigt.

Vertriebsnetze mit Agenturen, Beratern, Außendienstlern o. ä. haben auf der einen Seite deutlich höhere Kosten durch ein persönlich geprägtes Vertriebsnetz, aber auch Chancen zur Schaffung eines persönlichen Erlebnisses, die ein rein digitales Unternehmen nie bieten kann.

Zu betrachten sind daher drei Szenarien, vor denen ein Unternehmen stehen kann:

a) Es existieren nur digitale Kanäle.
b) Es existieren nur analoge Kanäle.
c) Es existieren sowohl analoge als auch digitale Kanäle.

Wenn man sich innerhalb von a) oder b) bewegt, sind routinierte, ausgefeilte Maßnahmen und Aktivitäten mittlerweile die Regel.

Gerade das Digitalmarketing bietet für Unternehmen mit Onlineshop und E-Mail-Interaktion zu den Kunden enorme Möglichkeiten, in denen die Vorteile der Digitalisierung wie Skalierung, Bildwelten durch ein CMS-System, hoher Automatisierungsgrad, exakte Messbarkeit und »Nähe« der Kanäle in der Wahrnehmung durch die Kunden – alleine schon durch das empfangende Endgerät – ausgesprochen hoch sind. Wird dann der Ausbau in einen weiteren digitalen Kanal vorangetrieben, z. B. durch die (Weiter-)Entwicklung einer App, erscheint dies als logischer und anschlussfähiger Schritt.

Verfügt man über analoge Kanäle wie Hauswurfsendungen, Printmailings, Plakate am POS und Menschen im Vertriebsnetz, sind alle oben genannten Vorteile nicht realisierbar. Vertriebliche Aktivität kann ebenfalls bestimmt sein durch routinierte Maßnahmen und Prozesse, z. B. bei der Erstellung eines Flyers, aber alleine die fehlende saubere Messbarkeit und nachvollziehbare Interaktion ist ein gravierendes Manko. Wird dann der Ausbau eines weiteren analogen Kanals vorangetrieben, z. B. eine Hotline zur Entlastung des Vertriebs, erscheint dies als logische und anschlussfähige Entwicklung.

Nun lässt sich jedoch eine Vielzahl von Unternehmen weder a) digital noch b) analog zuordnen. Der häufig anzutreffende Fall sind m analoge Kanäle plus n digitale Kanäle. Diesen Fall schauen wir uns nun einmal genauer an: Bei größeren Konzernen mit entsprechenden Strukturen ist auch eine organisatorisch separate Ansiedlung zu beobachten, die noch aus den Anfängen von Onlinemaßnahmen stammen, wo online eher IT-nah angesiedelt war, offline hingegen nahe am Marketing. Lassen sich so

- die Herausforderungen von heute bewältigen?
- die vertrieblichen Chancen nutzen?
- die Kunden umfassend und ganzheitlich betreuen?

Drei Mal ein klares »Nein«. Die zahllosen Digitalisierungsprojekte, die entweder innerhalb eines Kanals Optimierungen versprechen oder nur die Intensität innerhalb der digitalen Kanäle oder zwischen den analogen Kanälen steigern, werden nicht zum entscheidenden Erfolg führen. Die Vorteile der jeweiligen Welt bleiben isoliert, verstärken sich zwar begrenzt, verbinden aber niemals die Stärken beider Kanalwelten.

Eine reine Betrachtung der Kanäle nach deren isolierter Ökonomie hilft nicht weiter. Kundenentscheidungen fallen auch zugunsten Ihres Unternehmens aus, einfach weil es die Möglichkeit des Zugangs über einen bestimmten Kanal gibt. Ebenso kann umgekehrt ein nicht verfügbarer Kanal zur Abwahl des Unternehmens führen, auch wenn er nicht genutzt würde.

Diese weichen Entscheidungskriterien lassen sich auch durch Kundenbefragungen nur schwer herausarbeiten, denn ein erheblicher Teil dieser Motivation läuft im Verborgenen ab, ohne dass sich der Kunde dessen selbst bewusst ist.

Betrachten wir bei den angebotenen Kanälen die Initialkosten für die Erstimplementierung gegen die laufenden Betriebskosten nach Erstimplementierung. Es bestätigt sich, dass die Erstinvestitionen sehr ausschlaggebend für eine Entscheidung sein können, insbesondere wenn stationäre Shops oder Filialen mit ins Spiel kommen. Welche Stärken welcher Kanal am besten ausspielen kann, wird hier nicht weiter untersucht, denn die Unterschiede dabei sind von Branche zu Branche erheblich. Ein Energieversorger kann durch stationären Handel seine Ware und seine Dienstleistung kaum greifbarer darstellen, ein Haustierzubehörhandel aber durchaus.

Ich rege an, grundsätzlich möglichst viele Kanäle zu implementieren und für den Kundenkontakt bereitzuhalten, auch wenn zum Zeitpunkt der Entscheidung eine rein ökonomische Bewertung zu anderen Schlussfolgerungen käme. Aus meiner Sicht sind dafür fünf Gründe entscheidend:

- Ihre Kompetenzanmutung und Ihre Außenwirkung stehen durch zusätzliche Zugangs- und Vertriebskanäle auf einem stabileren Fundament.
- Kunden, die (auch unbewusst) die Möglichkeit additiver Kanalzugänge positiv bewerten, werden in ihrer Entscheidung für Ihr Unternehmen bestärkt.
- Verschieben sich Trends und Schwerpunkte zwischen den Zugangs-/Vertriebskanälen, bekommen Sie das frühzeitig *innerhalb* Ihres Unternehmens mit. Ginge der Trend zu einem Zugangs-/Vertriebskanal, den Ihr Unternehmen nicht anbietet, würden Sie es durch Kundenabgänge feststellen, ggf. aber ohne

die Motive zu kennen. Sie würden in den Blindflug starten.

- Kreuzbeziehungen und Journeys können Sie vielfältiger abbilden und daraus eher auf den Kunden zuschneiden.
- Plötzliche Kanalschließungen (z. B. durch Corona-Pandemie) ventilieren sich in eine Mehrnutzung anderer Zugangs-/Vertriebskanäle anstatt in Kaufzurückhaltung oder Wechsel zu Mitbewerbern, die diese Zugangskanäle bereits anbieten.

Berücksichtigen Sie bei vertrieblichen Digitalisierungsprojekten die Stärken jedes einzelnen Vertriebskanals.

Entscheidend ist die zeitgleiche Nutzung der Stärken analoger UND digitaler Vertriebskanäle.

27. Der *richtige* Kanal

Es gibt ja so ein paar Dauerbrenner, die man immer wieder an jeder Stelle zu passenden und weniger passenden Gelegenheiten hört. Manchmal immer noch mit der Überzeugung vorgetragen, dies sei nun eine wirklich neue Erkenntnis: »Wir machen unseren Kunden zum richtigen Moment im richtigen Kanal das richtige Angebot.«

Haben Sie sich schon einmal gefragt, was denn der richtige Kanal ist? Und für wen ist der eine Kanal richtig und der andere falsch?

Für unsere Betrachtung wählen wir ein Unternehmen aus der Telekommunikation mit den Kanälen stationäre Shops, Onlineshop, Hotline, eigene App, E-Mail und Print-Brief.

Wonach entscheidet sich aus Unternehmenssicht der richtige Kanal? Ist das

- dort, wo sich die meisten Kunden bewegen?
- dort, wo die höchsten Erträge generiert werden?
- dort, wo die meisten Produkte vertrieben werden können?
- dort, wo die meisten vertrieblichen Impulse kostengünstig platziert werden können?

Diese Auswahl ließe sich beliebig fortsetzen mit diversen KPI, Zeitreihen, Untersuchung des Kundenverhaltens und intensiven Analysen der Customer Journeys. Ich bin überzeugt, dass je nach gewünschtem Schwerpunkt auch das Ergebnis in gewisser Weise flexibel wäre.

Zusätzlich zu den oben genannten Kriterien entfalten Unternehmen eine nicht unerhebliche Kreativität, bestimmte Leistungen, Features, Konditionen für ein Kanalangebot zu bündeln und ggf. mit besonderen Konditionen – gerne auch zeitlich befristet – zu platzieren.

Bei all den bisher genannten Überlegungen mit diesen vielen Variablen bleibt völlig unberücksichtigt, was der Kunde erwartet, was vom Kunden akzeptiert wird und was andere Kunden und Nichtkunden dazu bewegen könnte, einen solchen Abschluss auch zu tätigen.

Lassen Sie uns gemeinsam in ein Beispielunternehmen Ihrer Wahl eintauchen: Wir bieten bei insgesamt fünf bestehenden Kanälen ein Produkt in den Kanälen A, B und C an und stellen z. B. durch umfangreiche Trackings fest, dass B die meisten Abschlüsse liefert, C etwas darunter liegt, dort jedoch pro Abschluss kostengünstiger abgewickelt werden kann.

Welche Fragen stellen Sie sich dann in Ihrem Unternehmen:

- Wie kann der Absatz im Kanal A gesteigert werden?
- Wie können die Kosten im Kanal B gesenkt werden?
- Wie kann der Absatz im Kanal C skaliert werden?

Diese Fragen sind legitim. Aus meiner Sicht völlig außen vor bleiben dabei jedoch folgende Fragen:

- Weshalb wird in Kanal A die geringste Anzahl verkauft?
- Wie kann ich die Erfolgstreiber aus Kanal B (Effizienz, Traffic, Relevanz des Kundenkontakts aus Kundensicht usw.) auch in die anderen Kanäle übertragen?
- Weshalb biete ich das Produkt nicht in den Kanälen D und E an?
- Und die allerwichtigste Frage überhaupt: Wo möchte der Kunde abschließen?

Auch diese Aufstellung ließe sich weiter ergänzen. Es bleibt festzuhalten, dass die mit entsprechend hohem Ressourcenaufwand (Taskforce, externe Berater, IT-Investitionen zur Datengewinnung, -aufbereitung und -darstellung, nachfolgende Analyse, Ableitung von Handlungsempfehlungen) generierten Ergebnisse eine Genauigkeit der Aussagen suggerieren, die sie rein auf Basis der Zahlen gar nicht abbilden können.

Nur wenn alle Kanäle alle Produkte ohne kanalspezifische Preise anböten und alle Kunden freie Kanalwahl hätten, ergäbe sich daraus die tatsächlich relevante Grundlage zur Auswahl des besten Kanals *aus Kundensicht*. Nur so würden sich auch positive Abstrahleffekte erkennen lassen, wie z. B. gestiegene Cross-Selling-Quoten innerhalb eines Kanalbesuches, weil eben auch in diesem nun besuchten Kanal alle Möglichkeiten zur Information und zum Produktabschluss bestehen. Viele Anliegen könnten ohne Kanalwechsel erledigt werden.

Ich gebe zu, dieser Ansatz erscheint etwas theoretisch, da er Investitionen für Produkt-, Angebot- oder Kanalkombinationen fordert, deren Sinn oder Überflüssigkeit sich erst im Nachhinein erweist. Dieses Idealbild des kanalagnostischen Unternehmens wird sich kaum erreichen lassen. Jedoch: Jeder, der dieses Idealbild mit sich trägt und in seine Arbeit einbringt (unabhängig ob Linie, Entwicklung oder Betrieb), wird das Unternehmen diesem Idealbild näherbringen. Zusätzlich werden vermeidbare Ressourcenbindungen durch Analysen, wie ich sie weiter oben beschrieben habe, reduziert, wobei die Aussagekraft derartiger Analysen nicht überbewertet werden sollte.

Häufig taucht die Frage auf, in welcher Reihenfolge denn die Kanäle an eine analytische Plattform, an eine zentrale NBO-Engine oder wie immer man es nennen möchte, angeschlossen werden sollten. Wer diese Frage stellt, hat schon die Hälfte gewonnen: Die Analytik scheint dann außerhalb der Kanäle zu liegen und diese zu »versorgen«. Wer hingegen analytische Entscheidungen in den Kanälen verortet, hat Omnikanal und Kundenzentrierung bereits mit dieser Entscheidung aufgegeben. Bleibt im ersten Fall also »nur« noch die Frage nach der Kanalreihenfolge. Und da gibt es – ganz anders als an den meisten anderen Stellen dieses Buches – keine klare Antwort. Es hängt von so vielen Faktoren ab:

- Welche Kanäle transportieren bei Ihnen bereits heute welchen werblichen Impact?
- Welche Kanäle verfügen bereits heute über wirksame Abschlussstrecken?

- Welche Kanäle werden von welchen Vertretern welcher Interessen verantwortet?
- Welche Kanäle lassen sich transparent messen und bewerten?

Wenn hierüber Transparenz vorliegt, ergibt sich gerade bei externer Inaugenscheinnahme ohne konzern- bzw. unternehmensinterne Partikularinteressen recht schnell ein Bild. Und seien Sie nicht entmutigt, wenn Sie innerhalb eines Realisierungspfades rückblickend sagen müssen, man hätte das doch in einer anderen Reihenfolge machen sollen. Hinterher ist man immer schlauer, aber Sie können – und müssen – alleine auf Basis aller zum Moment der Entscheidung verfügbaren Informationen und Einschätzungen eine Entscheidung treffen. Nur zu.

Letztendlich entscheidet nicht die komplexeste Analyse auf Basis einer bestehenden Ist-Situation über den für den Kunden besten Kanal.

Entscheidend für die Auswahl des Kanals ist eine wirkliche Wahlfreiheit für den Kunden UND der ökonomische Hebel für Ihr Unternehmen.

28. Die Kraft der KPI

Key Performance Indicators treiben ganze Unternehmen an. Bei der Initiierung von Projekten auch umfangreichster Tragweite geben sie die Impulse, indem KPI aufgezeigt werden, die ein akutes Handeln erforderlich machen. Im regulären Geschäft bzw. im operativen Betrieb sind KPI eine begleitende Größe, die laufend optimiert wird. Bei strategischen Initiativen werden KPI erdacht, die begleitend über die nächsten Jahre »am Wegesrand« stehen und jedem klar zeigen, ob Weg und eingeschlagener Kurs noch zum strategischen Ziel passen. Und letztendlich dienen KPI in der Rückschau auch als finaler Prüfpunkt und somit Beleg, dass vorangegangene Entscheidungen richtig waren und das Unternehmen positiv entwickelt werden konnte. Sie ziehen sich also durch alle Phasen einer Unternehmensführung. Sie entscheiden über Wohl und Wehe von Projekten, sie geben Budgetmittel frei, sie führen zu Priorisierungen, zur Abwahl von Themen und sehr häufig auch zu langfristig wirkenden Entscheidungen.

Bei der Verwendung von KPI passieren unglaublich oft Fehler, die der Bedeutung von KPI nicht angemessen sind. Anhand einiger Beispiele werden wir nachfolgend erarbeiten, was aussagekräftige und wirkungsvolle KPI auszeichnet. Für die weitere Betrachtung wählen wir ein fiktives, national tätiges Reiseunternehmen, welches Urlaubsreisen sowohl über seine 80 Filialen als auch über eine Hotline mit 15 Agenten verkauft. Für angefragte, aber noch nicht abgeschlossene Reiseangebote besteht ein E-Mail-Nachfassprogramm. Geplant wäre nun der zusätzliche Aufbau und Betrieb eines Onlineshops. Im Folgenden betrachten wir am Beispiel konkreter KPI die Fallstricke und Auswirkungen für unser Szenario:

- **Steigerung Kontaktpunkte um 10 %**
  In diesem KPI stecken mindestens zwei Fehler.
  - Natürlich wird sich durch den zusätzlichen Vertriebskanal die absolute Anzahl der Kontaktpunkte steigern. Diesen Kanal gab es ja zuvor nicht. Er startet bei 0 und wird somit, egal wie erfolgreich er ist, auf jeden Fall eine Steigerung erfahren.
  - Der zweite Fehler steckt in der Vermischung der Vertriebskanäle. Würden die Kontaktpunkte in den bisher erfolgskritischen Kanälen Filiale und Hotline sinken, könnte dies durch die zusätzlichen Kontaktpunkte im Onlineshop überkompensiert werden.

  Ein Beispiel für eine positive Änderung des KPI wären neu erreichte Menschen (über die in bereits bestehenden Kanälen erreichten hinaus). Dieser KPI zahlt dann direkt auf das strategische Ziel ein und honoriert nicht den reinen Kanalwechsel bestehender Kunden.

- **Anteil mit dem Onlineshop zufriedener Kunden**
  Das Unternehmen möchte sein Ohr nah am Kunden haben. Daher werden nach Roll-out des Onlineshops

alle Kunden in der Hotline zu ihrer Zufriedenheit mit dem neuen Kanal befragt. Die Agenten wissen in ihrer Systemoberfläche, welche Kunden sich bereits im Onlineshop registriert haben, und sprechen diese an. In diesem KPI stecken mindestens fünf Fehler.

- Es werden nur die Kunden befragt, die auch den Kanal Hotline wählen. Kunden, die aufgrund ihrer Unzufriedenheit die Filiale besuchen, fallen aus der Umfrage heraus.
- Kunden, die nach erster Ansicht des Onlineshops bereits vor Registrierung abgebrochen haben, sind nicht als Besucher für die Agenten ersichtlich, werden nicht befragt und fallen so ebenfalls aus der Umfrage heraus.
- Da die Befragung durch Agenten nach Klärung des eigentlichen Anliegens erfolgt – ggf. ist der Kunde gerade glücklich über ein gutes Angebot oder eine gerade gebuchte Reise –, ist das psychologische Setting ins Positive versetzt.

Diese ersten drei Fehler könnten mit einer Touchpoint-Befragung direkt im Onlineshop – auch vor Anmeldung möglich – vermieden werden.

- Die Frage nach »Zufriedenheit« ist so subjektiv, dass der eine Kunde seine Kauferfahrung bewertet, der andere die intuitive Bedienung und wieder ein anderer die reibungslose Interaktion, nachdem er den Katalog durchgeblättert hat.
- Was ist diesem Wert der Zufriedenheit gegenüberzustellen? Die Zufriedenheit aus anderen Befra-

gungen des gleichen Unternehmens oder anderer Reiseplattformen?

Das bedeutet, die erhobenen Zahlen haben keine Aussagekraft. Darüber hinaus können sie durch Verbindung zu anderen, teils externen Referenzwerten nach Belieben positiv oder negativ interpretiert werden.

- **Vertriebskosten pro Abschluss**
  Die Kosten einzelner Kanäle werden aufsummiert und allen dort stattfindenden Abschlüssen gegenübergestellt. In diesem KPI finden wir mindestens zwei Fehler:
  - Je nachdem, ob die Initialkosten des neuen Kanals mit eingerechnet oder ob alle Kanäle nur auf Basis der Betriebskosten berechnet werden, ergibt sich ein völlig unterschiedliches Bild.
  - Entscheidend ist auch, welche Kosten des Kanals eingerechnet werden. Vollkosten für die Filiale wären völlig falsch, da dort auch Service- und Beschwerdeanliegen abgefangen werden. Dies hat der Onlinekanal qua Konfiguration nicht zu leisten. Somit ist absehbar, wer hier mit Vorteilen schon in den Vergleich startet.

- **Mehrertrag aus Multikanalnutzung**
  Dieser KPI soll darstellen, dass sich die Investitionen in den zusätzlichen neuen Kanal des Onlineshops lohnen und Kundenverbindungen dadurch ertragreicher gestaltet werden können, z. B. durch die Buchung von Upgrade-Paketen oder die einfache

Wiederholungsbuchung. Hier zwei mögliche Fehler dieses KPI:
- Zusatzmodule und Upgrades werden im Onlineshop automatisch angeboten. In der Filiale mit knapp dimensionierten Kapazitäten und eventuell mehreren Kunden zur gleichen Zeit werden Beratung und Vertrieb nach dem Absatz des »Basis-Pakets« aus Ressourcegründen beendet. Wenn dann für Kunden des Onlineshops höhere Wertbeiträge ausgewiesen werden, ist das eine Situationsbeschreibung auf Basis aktueller Vertriebsmethoden, nicht der Maximalmöglichkeiten beider Vertriebskanäle im Vergleich.
- Die meisten Kanäle werden von Kunden gewählt, die konkret Reiseangebote anfragen, somit im E-Mail-Nachfassprogramm enthalten sind und dafür ein E-Mail-Opt-in erteilt haben müssen. Es ist offensichtlich, dass Kunden, die zuletzt vor x Jahren eine Reise gebucht haben und in jüngster Zeit gar nicht aktiv waren, auch nicht von dem E-Mail-Nachfassprogramm erfasst werden. Somit sind bereits aus prozessualer Sicht die Multikanalkunden näher am Abschluss und somit näher am Ertrag. Würde man diesen KPI auswählen, würde er die These »mehr Kanäle = mehr Ertrag« stützen, jedoch ohne jeden Zusammenhang zwischen Ursache und Wirkung. Ein grober Fehler.

Es ist frappierend, welche Macht den KPI zugesprochen wird. Somit kommt der Festlegung von KPI eine enorme Bedeutung zu.

Menschen in Ihrer Organisation, die sowohl die Macht der KPI als auch deren Ausgestaltungsmöglichkeiten kennen, haben ein ureigenes Interesse, die Ausgestaltung gemäß ihren Zielen voranzutreiben. Hier stellt sich für mich die Frage, was die Ursache für die gelegentlich missbräuchliche Verwendung ist: Ist es eine bestehende KPI-Gläubigkeit, die zur kreativen Ausgestaltung einlädt, oder ist es ein bestehender kreativer Wille, der erst eine Gläubigkeit an die dann erstellten KPI im Unternehmen entwickelt und fördert?

Wer nach definierten KPI gesteuert oder bewertet wird, benötigt entsprechende Kompetenzen, um diese KPI auch zu beeinflussen.

Entscheidend für aussagekräftige und wirkungsvolle KPI ist deren Beeinflussbarkeit UND ihr nachweisliches Aufzeigen von Ursache und Wirkung.

29. Der gute, reine und wahre KPI

Im vorigen Kapitel war bereits die Rede von der Kraft der KPI. Bitte lesen Sie dieses Kapitel, bevor Sie hier weiterlesen. Hier soll es nun darum gehen, wie der gute, reine und wahre KPI gefunden werden kann – und von wem.

Um markige KPI ist das Topmanagement keines Unternehmens verlegen. Statements wie »Wir schonen die Umweltressourcen um 20 %« oder »Wir steigern unsere Kundendurchdringung um 15 %« oder »Wir senken die Durchlaufzeiten bei unseren Vertriebs- und Abschlussprozessen um über 30 %« klingen alle markig, sind jedoch nicht sauber definiert. Sie mögen nun fragen, ob das überhaupt ein Nachteil ist. Sicher nicht für den Freiraum, den es für die heutige Sicherstellung künftiger Erfolgsmeldungen gibt. Aber es wird zu einem Nachteil, wenn es um die Wirksamkeit geht. Denn durch unsaubere KPI ergibt sich ein umso größerer Interpretationsspielraum. Das ist auch im Einzelfall eher weniger schädlich als hilfreich. Denn so können reichlich Aktivitäten und Maßnahmen als sinnstiftend und KPI-unterstützend definiert werden. Häufig sind es schon einfache Interpretationsschwierigkeiten, die einen KPI ad absurdum führen. Dazu ein Beispiel: »Wir steigern den Zuwachs in der Produktgruppe x um y.«

- Wer ist mit »Wir« gemeint? Die ganze Organisation oder ein Teil bzw. welcher Teil?

- Was bedeutet »steigern«? In absoluten Zahlen, gegenüber dem Mitbewerber, in Prozent gegenüber dem Vorjahr? Oder doch gegenüber dem Vergleichszeitraum des Vorjahres?
- Was bedeutet »den Zuwachs«? Geht es darum, wirklich den bisherigen Zuwachs (also die Steigerung) weiter zu steigern? Brutto oder netto? In Stückzahlen, Umsatz oder Ertrag?
- Was ist die »Produktgruppe x«? Ist das interpretationsfrei? Bleibt die Definition stabil?
- Gibt es Effekte außerhalb des Projektvorhabens, die den KPI unabhängig vom Projekt so stark beeinflussen, dass er sich entweder auf jeden Fall oder auf gar keinen Fall positiv entwickelt?

Hier zeigt sich die enorme Beliebigkeit trotz kraftvoller Formulierung. Ein auf Wirksamkeit angelegter KPI sollte also nicht alleine vom Topmanagement definiert und ausgestaltet werden.

Es bedarf fundierter Kenntnisse über die fachlichen Details, Treiber sowie Risiken projektexterner Einflüsse auf den KPI. Kurzum, es braucht fachliche Experten. Wenn man die Definition und Ausgestaltung von KPI in die Hände von Fachexperten legt, lassen sich die vorgenannten Probleme vermeiden. – Leider entstehen neue: Die Fachexperten kennen »ihre« Zahlenbasis ebenso wie die Hürden in einer exakten und sauberen Definition. Sie wissen, mit welcher Definition der KPI ein Selbstläufer wird und was die wirklichen Treiber sind, die diesen KPI voranbringen. Somit sind auch sie es, die wissen und bewerten können, ob es überhaupt einen Zusammenhang zwischen dem Projekt und der Entwicklung dieses KPI gibt – geben kann. Und bereits hier lauert das nächste Risiko: Projektverantwortliche bzw. -involvierte haben eine nicht unerhebliche Eigenmotivation, KPI so auszugestalten, dass sie sich in Zukunft positiv entwickeln, insbesondere wenn sie mit den Projektergebnissen in Verbindung gebracht werden sollen. Risiken können durch eine achtsame KPI-Auswahl reduziert werden. Auch können sie bewerten, welches Ausmaß das Projektvorhaben überhaupt auf diesen KPI haben kann.

Es gibt also keine einfache Antwort und erst recht kein Patentrezept, *wer* die KPI-Festlegung durchführen sollte. Brächte man nun zur Ausgestaltung Projektverantwortliche und das Management zusammen, würden sicher Lösungen und Definitionen entstehen, die im Moment der Festlegung durchaus Akzeptanz bei allen Seiten fänden. Denn im Gespräch würde der KPI ausreichend detailliert und interpretationsfrei festgelegt. Das Management hätte auch den Eindruck, dass seine Anforderungen an einen gut vermarktbaren und wirksamen KPI erfüllt würden. Dennoch zeigen sich die bereits oben genannten Probleme später, im Projektverlauf, nach Genehmigung der Mittel und nach Kommunikation des KPI an einen breiten Empfängerkreis, ggf. auch an unternehmensexterne Empfänger.

Daher empfehle ich eine Festlegung und Ausgestaltung aus drei Perspektiven. Lassen Sie doch Management, Projektverantwortliche und *unabhängige, nicht im Projekt involvierte* Experten gemeinsam die KPI-Festlegung vornehmen. Denn unabhängige Experten hätten eben keine isolierten

Eigeninteressen, aber dennoch ein Wissen, mit dem die vorgenannten Risiken vermieden werden könnten. Man mag es Misstrauen nennen, eine solche Runde zur Definition aufzusetzen, aber vor dem Hintergrund der absolut nachvollziehbaren Eigeninteressen von Management und Projektverantwortlichen und der längerfristigen Konsequenzen auch für künftige Weichenstellungen und/oder Budgetfreigaben ist es aus meiner Sicht eine substanzielle Lösung.

Weder kann ein KPI vom Topmanagement verordnet werden, noch sollten sich Projektleitungen ihre KPI selbst aussuchen können.

Entscheidend für eine wirksame KPI-Festlegung ist das Know-how der Experten auf Fachseite UND der Verantwortlichen für die Ressourcenzuweisung & die Strategiewirkung.

30. Live-Tracking = Live-Erfolg?

In der Mitte des vergangenen Jahrhunderts mag es noch Quartalszahlen als interne Quelle für das Berichtswesen und Sitzungsvorbereitungen gegeben haben. So weit möchte ich aber jetzt nicht in die Vergangenheit zurückschauen. Beginnen wir bei einem monatlichen Turnus. Er ist für internes Berichtswesen seit Jahrzehnten und auch weiterhin das Maß der Dinge und mindestens 80 % der besprochenen und diskutierten Zahlen stammen nach meiner Einschätzung aus diesem Turnus. Er eignet sich auch so wunderbar, um Managementsitzungen, Sales-Meetings und andere Gremientermine darauf aufzusetzen. Auch haben sich zwölf Balken nebeneinander lange Zeit als optisch sehr attraktiv und gut geeignet erwiesen.

Spaß beiseite. Im Rahmen von Digitalisierungsprojekten kommen natürlich auch immer wieder die Qualitätssicherung, das Erfolgstracking und der Nachweis der erreichten Ziele auf die Tagesordnung. Und hierbei spreche ich nicht einmal von den Digitalisierungsprojekten speziell im Reportingumfeld, in denen mit enormem Aufwand Datenbereitstellungen und -extraktionen sowie Businessregeln zur Ableitung von Kenngrößen, Zielwertermittlung und -erreichung sowie ansprechende Grafiken den gesamten Projektinhalt ausmachen. Mir geht es an dieser Stelle um alle anderen Projekte, deren Erfolg sich an entsprechenden Zahlen ablesen lässt.

Sehr verständlich ist es, wenn Projektverantwortliche natürlich auch positive Zahlen und Ergebnisse vorweisen wollen. Dazu lesen Sie mehr in den beiden vorigen Kapiteln über KPI. Für die Erfolgsmessung nach dem Roll-out bietet die Digitalisierung enorme Potenziale, vor allem in Bezug auf

- verwendete Daten,
- Aktualisierungsturnus,
- ansprechende Darstellung der Reportings und
- Distributionswege.

Verantwortlich hierfür sind im Wesentlichen drei Treiber:

- Technische Erhebung der Zahlen wird in kürzeren Intervallen möglich.
- Kommunikation mit den Kunden erfolgt kleinteiliger, schneller, interaktiver, an immer mehr Touchpoints.
- Semimaschinelle Aufbereitung von Reportings für Sitzungsformate bindet durch die gängigen BI-Tools im Idealfall kaum noch Zeit.

Gehen wir zur weiteren Betrachtung von drei Schichten im Reporting aus. Jede nachgelagerte Schicht kann maximal so kurzfristig agieren wie die davor liegenden Schichten:

- Basis: Sammeln von Daten
  darauf aufbauend
- Transparenz: Bereitstellung der Ergebnisse
  darauf aufbauend
- Handlung: Ableiten von konkreten Maßnahmen

Ein Traum für jeden Controller, ein Paradies für Vertriebler? Wir alle wissen: Analyse, Ableitung von Maßnahmen, Umsetzung von Maßnahmen und Erfolgskontrolle müssen ineinandergreifen, wenn sich ein wirkungsvoller Regelkreislauf im Unternehmen einfinden soll. Welcher Mehrwert kann also gewonnen werden, wenn die Schicht der Transparenz immer kurzfristiger und schneller wird, die der Handlung hingegen nicht? Wäre es richtig, die Handlung an die Intervalle der Transparenz anzupassen, oder wäre es richtig, die Transparenz an die Intervalle der Handlung anzupassen?

Die Antwort darauf ist für jedes Unternehmen natürlich unterschiedlich. Auch die verschiedenen Blickwinkel innerhalb des Unternehmens (z. B. Finance, Produktmanagement, Produktentwicklung, Marketing, Vertrieb, Qualitätsmanagement) können zu unterschiedlichen Antworten führen. Für eine korrekte Antwort entsprechend Ihrer Situation empfehle ich die Beantwortung folgender Fragen:

- Entfaltet die bisherige Transparenz eine entsprechende Handlung?
- Erfolgt diese Handlung synchron mit der Transparenz?
- Welche Auswirkung hätte eine ungeplante Reduzierung der Transparenz z. B. durch Ausfall der Berichte bis zum nächsten größeren Berichtsintervall?

Und die entscheidende Frage:

- Würde eine höhere Transparenz, also ein kürzeres Intervall mehr und/oder bessere Maßnahmen und somit eine bessere Wirkung zur Folge haben?

Diese Frage, ehrlich beantwortet, führt recht schnell zu klaren Entscheidungen über weitere Investitionen und entsprechende Ressourcenbindung im Reportingumfeld.

Ein hyperschnelles Reporting in Echtzeit alleine entfaltet keine Wirkung.

Entscheidend für wirkungsvolle Reportings ist das passende Zusammenspiel zwischen Berichtsturnus UND der konsequenten Auseinandersetzung mit den Ergebnissen.

Das richtige Vorgehen

Im Vorwort habe ich die enorme Breite des Projektgeschäfts bereits angesprochen. Es treffen sich alle Facetten von der Vision über Strategie und Taktik bis zu konkreten Maßnahmen und Umsetzungsschritten. Das macht Projektgeschäft und Weiterentwicklung zu einer wirklichen Gestaltungsaufgabe, besser noch zu einer Gestaltungschance.

Wir wollen diese Chance gestalten. Jeder von Ihnen als Leser des Buches wird dabei ganz andere Voraussetzungen in seinem Unternehmen vorfinden: Einige werden sich nach Veränderung sehnen, es wäre ja schon zigmal ohne Erfolg auf notwendige Maßnahmen hingewiesen worden. Andere wiederum sehnen sich nach einer Pause zwischen den hektischen Aktivitäten, die in ihrer Vielzahl weder vom Vorgehen noch vom Inhalt her geeignet sind, substanzielle Beiträge zur Kundenzentrierung und somit zum Unternehmenserfolg zu leisten. Und eine dritte Gruppe kennt positive Leuchtfeuer im eigenen Unternehmen, die durchaus Strahlkraft hätten, eben diese substanziellen Beiträge zu leisten. Doch leider blickt das Management nicht auf diese Leuchtfeuer, oder man erfreut sich an einem kleinen Lieblingsteelicht, oder die klare Sicht ist durch Böen und stürmischen Regen aus internen Missliebigkeiten und einer Vielzahl überbordender, nicht verzahnter Einzelmaßnahmen verwehrt. Man sehnt sich nach einem starken Wind, der alles ohne Substanz hinwegfegt und eine klare Sicht eröffnet.

Unabhängig von der jeweils unterschiedlichen Ausgangslage geben die Kapitel in diesem Abschnitt wirksame und nahezu grundsätzlich greifende Hilfestellungen. Uns als Verantwortlichen stellen sich viele Fragen: Wie behalten wir den Überblick? Wie priorisieren wir richtig? Wie stellen wir sicher, dass wir uns nicht verzetteln? Wie können wir zwischen den unterschiedlichen Interessen in unserer Organisation moderieren? Und sollten die Lager mit Widersprüchen in unserer Organisation sich unversöhnlich gegenüberstehen – wie verhalten wir uns? Wie stellen wir sicher, dass wir mit entsprechenden Kompetenzen ausgestattet sind, dass wir Unterstützung dort erhalten, wo notwendig, dass wir Unterstützung dann erhalten, wenn nötig?

Je verzahnter und integrierter Ihr Digitalisierungsprojekt ist, umso komplexer ist es in der Handhabung. Ein nicht durchdachtes und isoliertes Projekt ist weniger komplex, aber auch weniger wirkungsvoll.

Die Anregungen und Hilfestellungen aus diesem Abschnitt können bei Anwendung die Chancen auf den Erfolg Ihres Projektes steigern, sowohl intern als auch beim Kunden.

31. Agilität

Nach herrschender Mehrheitsmeinung läuft Projektgeschäft heutzutage natürlich agil. Wer arbeitet denn heute noch nach der Wasserfall-Methode?

Ich möchte mich nicht an den Begrifflichkeiten festklammern. Agilität ist aus meiner Sicht zugleich eine Geisteshaltung für die Beherrschung und Bewältigung neuer Sachverhalte, mit denen in einem Projekt umgegangen werden muss. In der Realität erlebt man völlig branchenunabhängig einige Fehleinschätzungen mit teilweise erheblichen Auswirkungen.

Die Fokussierung von Mitarbeitern auf ein Projekt erfolgt zusätzlich zu Linienaufgaben, Mitarbeiter werden mit Bruchteilen ihrer Ressourcen Projekten zugewiesen. Bei größeren Unternehmen lassen sich zwar so eindrucksvolle Zahlen über involvierte Mitarbeiter darstellen, es fehlt diesen Personen aber genau der Fokus, der für ein wirklich agiles Arbeiten mit allen Facetten notwendig ist. Projekte zu besetzen, bedeutet, Mitarbeiter auch konsequent in ein Projekt zu geben, *innerhalb* dessen sie agil arbeiten. Den Spagat zwischen Linie und Projekt durch die Mitarbeiter »agil« lösen zu lassen, ist eben keine Lösung, sondern ein Verkennen des Spannungsfeldes, und nimmt den Mitarbeitern die Möglichkeit, sich ideal fokussiert einzubringen.

Agilität wird gerne missverstanden als laufende, ununterbrochene Unverbindlichkeit sowohl bei den fachlichen Anforderungen als auch bei der Implementierung. Ohne ein klares fachliches Ziel, ohne einen einvernehmlich definierten Scope kann keine Leistung bewertet, keine Abweichung frühzeitig identifiziert, keine Kostensteigerung achtsam gehandhabt und keine Auswirkung auf die Akzeptanz beim Kunden bedacht werden. Verzichtet man auf Ziel und Scope, arbeitet man auf einer Spielwiese.

Weshalb wird die Wasserfall-Methode in der Regel als unterlegen betrachtet? Der Gesamtprojektrahmen erscheint lange. Ist er länger als beim agilen Arbeiten? Ist es schlimm, sich am Anfang Gedanken zu machen, was am Ende existieren und funktionieren soll? Ist es nachteilig, bereits am Anfang alle Kosten und Aufwände zu kennen, wenn auch nur als Schätzung? Nein, aber es ist unbequemer und verbindlicher.

Alle involvierten Personen sollten das eine, das gleiche Ziel verfolgen. Das klingt banal, ist es aber nicht. Startet man »agil« im heute gelebten Sinn, wird selbst die Definition des Ziels außer Acht gelassen, und mit zahlreichen Interpretationsspielräumen kann jeder Beteiligte seinen Scope, sein Ziel und seine Definition von Projekterfolg selbst festlegen. Ich habe eine Schwäche für anschauliche Beispiele: Ein Hubschrauber-Rettungsteam hat ein klares Ziel: maximale Versorgung für den Patienten in kürzester Zeit. Nicht der Pilot definiert »tiefer fliegen ist cooler«, nicht der Arzt definiert »in der Luft mache ich so komplexe Behandlungen wie ich sonst keiner«, nicht der Mechaniker definiert »dieses Ersatzteil ist zwar noch nicht erprobt, aber billiger« ... Ich lade Sie zu einem Experiment ein: Bitten Sie Projektbeteiligte zu Beginn eines Vorhabens, das konkrete Ziel und den konkreten Scope aufzuschreiben – jeder für sich. Lassen Sie es sich dann von jedem Einzelnen auf Basis seiner Unterlage vorstellen. Die Partikularinteressen und unterschiedlichen Sichtweisen gilt es übereinanderzulegen, bis sie deckungsgleich sind. Das ist nicht einfach, aber absolut notwendig.

Werden Projekte »pseudo-agil« aufgesetzt, kann sich der positive Wert von Agilität nicht entfalten. Misslungene MVP, überzogene Projektkosten und frustrierte Mitarbeiter beschädigen die Methode. Ohne klares Ziel steuert jeder seinen eigenen Kurs. Ist das Ziel aber einmal als gemeinsames Ziel ausformuliert und kennt jeder seine Rolle, dann kann Agilität starten. Durch ein belebendes Miteinander, durch das gemeinsame, fokussierte Lösen konkreter Fragestellungen. Immer ist dabei das gemeinsame Ziel »Fixstern« und Orientierung. Agilität entfaltet so ihre maximale Wirkung.

Legen Sie sich nicht auf eine Methode fest. Lassen Sie Wasserfall den Rahmen spannen und die Teams innerhalb der Realisierung agil arbeiten.

Entscheidend ist die Zielorientierung aus Wasserfall UND die fokussierte Flexibilität durch Agilität.

32. Geschwindigkeit

Schnelle und leicht implementierbare Lösungen sind immer besser verkäuflich als Dinge, die länger dauern und mehr Ressourcen benötigen. Weshalb ist das eigentlich so? Die Ungeduld liegt ja in unserer Natur und wären wir schon zufrieden mit dem Status quo, gäbe es keine Entwicklung. Also ist der Wunsch nach etwas Neuem doch nur allzu verständlich. Einfach mal ein kleiner Ausblick auf das, was kommt. Man kann doch auch so wunderbar zeigen, wie weit und wie dynamisch das eigene Team arbeitet. Es spricht doch alles dafür.

Es stimmt: Alles spricht für ein vorzeigbares Ergebnis nach kurzer Zeit. Alles spricht für Geschwindigkeit.

Leider wird Geschwindigkeit nur zu häufig übersetzt mit »Zeitpunkt zwischen Projekt-/Umsetzungsbeginn und erster Kundenwirksamkeit«. Und genau das ist aus meiner Sicht zu kurz gedacht, denn noch offen sind dann

- der Zeitpunkt des vollen Funktionsumfangs,
- die Kosten und Ressourcenbindung bis zu diesem Zeitpunkt,
- der konkrete Nutzwert für den Kunden zu diesem Zeitpunkt,
- die Skalierbarkeit dieser erstgezeigten Lösung,
- die Meinungsbildung des Kunden auf Basis der erstgezeigten Lösung,

- der ökonomische Impact aus dem Vorhaben,
- Mehraufwände durch ggf. bestehende Rückbaukosten und
- fachliche Vollständigkeit, sodass sich überhaupt eine Wirkung entfalten kann.

Nehmen wir als Beispiel ein Digitalisierungsprojekt aus der Telekommunikationsbranche: Ein Anbieter möchte sich vom Markt abheben, indem er keine fertigen Pakete anbietet, sondern der Kunde seine Leistungsmerkmale selbst zusammenstellen kann: Telefon, SMS, Streaming, Internetzugang, Roaming im benachbarten Ausland, Roaming pro Kontinent, Partnerkarten, Datenkarten usw.

Fachlich und technisch notwendig wäre nun eine dynamische Weboberfläche mit dynamischer »Menükarte« der jeweils noch zu treffenden Funktionen, eine Kalkulation der Einzelpreise, eine Kalkulation aller Kombinationspreise, ein dynamischer Rechner, der die »Ersparnis gegenüber Einzelkauf« laufend mit hochrechnet, und eine Übertragung in die Originärsysteme zur technischen Freischaltung, SIM-Kartenversendung sowie Abrechnung.

Ein schnell gebautes Minimum Viable Product (MVP) zeigt für Nichtkunden diese dynamische Zusammenstellung, allerdings nur für die oben genannten acht Merkmale. Die Übertragung an die Originärsysteme erfolgt auf Basis manueller Ausleitungen, Bestandskunden werden nicht erkannt/identifiziert. Dafür wird das Ergebnis auch auf einer Smartwatch angezeigt.

Es ist offensichtlich, dass sich aus dieser Vorgehensweise kein skalierbarer Erfolg ableiten lässt. Wird dieses Modell weiter betrieben, bestehen laufende manuelle Aufwände, das Implementierungsprojekt ist noch lange nicht abgeschlossen. Und es besteht mit jedem Ausbau eines weiteren Leistungsmerkmals

- ein Rückbau der bisherigen semimaschinellen Lösung,
- eine neue Wahrnehmung der Funktion für den Kunden,
- das Risiko von Kundenrückfragen durch nicht sauber implementierte Funktionen,
- in Summe also eine nicht unerhebliche Ressourcenbindung.

Hier würde also ein sehr hoher Preis für ein schnelles MVP gezahlt. Einer reinen Erprobung der Kundenakzeptanz hingegen könnte man ebenso gut durch eine Vertestung ohne operative Wirksamkeit begegnen.

Das Gegenteil des beschriebenen MVP wäre ein intensiv intern arbeitendes Projekt ohne Kundenbezug mit eher technischer Ausrichtung. Mit einem Big Bang würde ein technisch voll funktionsfähiges, voll implementiertes, sauber getestetes und sicher skalierbares Verfahren die erste Vertriebswirksamkeit erlangen. Das Projekt wäre auch gut zu planen und in Arbeitspakete zu unterteilen. Der lange Zeitraum dorthin wäre jedoch eine Durststrecke. Kein interner Stakeholder, kein Kunde und selbst niemand aus dem Management hätte bis zu diesem Zeitpunkt eine Ahnung, was ihn erwartet.

(An dieser Stelle vergleichen wir Digitalisierungsprojekte bewusst nicht mit Forschung, Entwicklung und Präsentation eines Konzeptautos in der Autoindustrie. Hier wird ja die Öffentlichkeit als einzige Seite bewusst lange ausgeschlossen, während intern eine Entwicklungsmannschaft aus zig Disziplinen etwas Neues erschafft.)

Es gilt also, keine Durststrecke für Stakeholder und Management entstehen zu lassen, aber dennoch die Nachteile des oben beschriebenen MVP zu vermeiden. Wie kann das gelingen? Sie benötigen eine Kombination aus vier Modulen:

1. Eine leichtgängige, nicht mit anderen Systemen des technischen Umfelds verbundene Look-, Feel- and Use-Lösung, mit der Kunden testweise die Usability erproben können. Sie erhalten somit frühzeitig wesentliche Hinweise zu Akzeptanz und Nutzung.
2. Eine funktionale Staffelung der Roll-outs einzelner Projektmodule, die ihrerseits
   aufeinander aufbauen,
   keine Sunk Costs produzieren,
   jeweils in sich abgeschlossene Funktionsblöcke darstellen.
3. Laufende Transparenz über den Projektfortschritt für Stakeholder bzw. Management und Mitwirkung der Stakeholder bei der fachlichen Ausgestaltung. Somit begegnen Sie Kritik frühzeitig.
4. Einen Gesamtprojekt-Roll-out-Plan, innerhalb dessen (!) die Punkte 1 und 2 integriert sind.

Mit dieser Kombination gelingt Ihnen die Vereinigung aller vorgenannten Punkte. Und, besonders wichtig, Sie beschädigen weder den Ruf Ihres Projektes noch das Produkt selbst. In dieser Hinsicht birgt ein MVP auch immer die große Gefahr, das Gesamtprojekt durch zu geringe Akzeptanz und zu frühe Bewertung durch Dritte an die Wand zu fahren.

Legen Sie sich nicht auf spontan erdachte MVP fest. Innerhalb eines umfassenden Gesamtvorhabens kann ein solches MVP integriert werden, aber nicht als Projektergebnis mit anschließendem »dann sehen wir weiter«.

Entscheidend ist der umfassende, vorausschauende Projektaufsatz mit voller Umsetzung eines Zielbildes UND das achtsame, laufende Einbinden von Stakeholdern bereits während der Realisierung.

33. Erste Wirksamkeit

Digitalisierungsprojekte haben – gerade in Konzernen – immer eine weitreichende Verästelung zu zig beteiligten Einheiten im Haus. Da sie in der Regel in hohem Maße auf Standardisierung und Effizienzsteigerung ausgelegt sind und durchaus disruptive Züge für die bisherigen Arbeitsweisen und auch Zuschnitte von Konzerneinheiten annehmen können, ist die Anzahl der »Freunde« zunächst stark begrenzt.

Somit sind gerade zu Beginn einige Entscheidungen politisch achtsam zu treffen. So kann z. B. bei einem Vorhaben für kanalübergreifendes, analytisches CRM die Frage im Raum stehen, welchen Vertriebskanal man als ersten mit der neuen Lösung versorgt. Hingegen wird z. B. bei einem Prozessoptimierungsvorhaben ja bereits bei der Mittelbeschaffung auf mögliche Einsparungen in bestimmten Funktionen hin kalkuliert. Konkret gefragt: Welche Themen welcher Personen werden wohl zuerst durch das erfolgreiche Projekt aufgesogen? In beiden Beispielen ist mit schnellem Gegenwind zu rechnen.

Da ist es nur allzu verständlich, dass Widerstände das Projekt schon während der Implementierung begleiten. Und während Sie implementieren (lassen), vergeht viel Zeit. Zeit, die sehr gut auch gegen Sie verwendet werden kann. Zeitfenster, in denen Sie geblockt sind und keine Ressourcen für die Handhabung solcher Widerstände aufwenden können. Das kann nicht zuletzt bis zur Demotivation der Projektmannschaft führen.

So weit die Herausforderung – jetzt zur Lösung: Der initiale Projektteil mit der ersten deutlichen Wirkung (sei es ein Vertriebs-, ein Prozess- oder ein Kostenthema) sollte so aufgesetzt sein, dass konkret dieser erste Teil niemandem etwas »wegnimmt«. Keinen Einfluss, keine Ausgestaltungsmöglichkeiten, keine Einbindung und keine Verantwortung. Vielmehr sollte der erste Projektteil so ausgestaltet werden, dass er allen Beteiligten etwas Zusätzliches bietet: Mehr Kundennähe oder Angebotsausgestaltung, die zuvor nicht zu leisten gewesen wäre, oder Transparenz für den Kunden innerhalb einer Prozesskette oder die Möglichkeit, vertriebliche Angebote an bisher nicht nutzbaren Stellen zu platzieren (z. B. personalisierte Angebote in einer monatlichen Abrechnung). Die Vorteile sind:

- Betroffene Personen werden zu Projektbeteiligten.
- Jeder Projektbeteiligte kann einen Vorteil für sich, seine Arbeit und seine Verantwortung aus dem Projekt ziehen.
- Sie müssen nicht Ressourcen abziehen und binden, um negative Stimmungsbilder im Umfeld einzufangen.
- Die Stimmung innerhalb des Projektes und der Personen aus den beteiligten Teams entwickelt sich durch das gemeinsame Ziel positiv.
- Jeder wird – mindestens bezogen auf seinen Benefit – positiv über das Projekt sprechen.

- Während dieser Phase entstehen in der Regel Ideen für weitere Projektteile, nächste Sprints und Ausbaustufen.

Die dann erreichte Basis ist um einiges stabiler, als hätte sich dieses Projektergebnis mit laufenden Widerständen zum Roll-out quälen müssen. Und ohne stabile Basis keine fruchtbare effektive Weiterentwicklung. Die bisher zurück- bzw. beiseitegestellten Konflikte sind dadurch nicht eliminiert, jedoch ist ihre Wucht gemindert, und – ganz wichtig! – durch die positiven Ergebnisse werden die Argumente für Ihre als nächste vorgesehenen Schritte mehr Raum erhalten. Und hierfür haben Sie nun auch eher Ressourcen als während der kritischen ersten Phase.

Wählen Sie bei größeren Digitalisierungsstrecken und -projekten den ersten Teil auch nach den positiven Einbindungsmöglichkeiten Ihres Umfelds aus.

Entscheidend ist die Verbindung aus ressourcengebenden Basis-Innovationen für Sie UND Vorteilen für beteiligte Dritte.

34. Kontrollierte Innovationen

Woher kommen Innovationen? Natürlich kommen sie von Menschen, nicht von Maschinen. Wie kommen Menschen dazu, Innovationen zu erbringen? Es sind Neugier, Interesse, Vielfalt, Offenheit, Wunsch nach Veränderung, Leidenschaft, Spielbegeisterung, Achtsamkeit in der Wahrnehmung der Umwelt, Spontaneität, die Innovationen begünstigen.

Es sind Planung, Kontrolle, Vorgaben, Zeitdruck, Verschlossenheit, mentale Trägheit, Unlust, Standardisierung, Egozentrierung (im betrieblichen Sinne), Tradition, die Innovationen bremsen.

Auch wenn es so offensichtlich erscheint und so logisch klingt – wie werden Innovationen bei Ihnen vorangetrieben? Legen Sie das Buch gerne für einen Moment zur Seite und machen Sie sich dazu Gedanken.

Ich erlebe Innovation häufig als in sogenannte Labs und Innovation Center »ausgegründetes« Verfahren. Auch ein paar Dekoelemente wie Hängematte, Werkzeugbank mit Schraubenschlüssel an der Wand und eine coole Loft-Atmosphäre zeigen deutlich, wo Innovationen herkommen sollen. Selbst eine Dartscheibe an der Wand erhöht nicht die Trefferquote. Ein Ausbrechen aus dem bekannten Umfeld ist dazu sicher nicht das Schlechteste, aber ich möchte auf etwas anderes hinaus. Es ist der Gestaltungs- und Veränderungswille der beteiligten Personen, auf die es ankommt. Prozesstreue »Verwalter« werden auch bei hipper Umgebung nicht auf Lösungen stoßen, die es zuvor nicht gab. Und nun ertappe ich mich selbst beim Schreiben: »Lösungen, die es zuvor nicht gab«. Das impliziert ja, dass man bislang keine Lösung für bekannte Probleme hat und diese nun gefunden werden kann. Etwas finden ist einfach, etwas erfinden ist die Kunst, um die es geht. Wirkliche Innovationen stoßen neue Denkräume auf, sie eröffnen Gedanken eben auch zu bisher nicht bekannten Handlungen, Prozessen, Produkten, mit bisher unbekannten Interaktionen, Nutzungsweisen, Geschäftsmöglichkeiten. Hierin liegt der wirkliche Charme von Innovationen, denn handfeste Innovationen heben Sie wirklich vom Wettbewerb ab, machen Sie widerstandsfähiger gegen Preiswettkämpfe und den reinen »Produktmerkmalsvergleich«. Wirkliche Innovationen begeistern Ihre Kunden und ermöglichen auch den zügigen Aufbau einer Fangemeinde innerhalb Ihres Unternehmens.

Wie läuft es in der Praxis? Es gibt doch tatsächlich Beratungshäuser, die Ihnen Innovationen wie Jahresabschlüsse verkaufen wollen:

- Mit Innovationszirkeln als wiederkehrendem Diskussionsformat sollen innerhalb konkreter Zeitfenster und in fester paritätischer Besetzung, gerne repräsentativ durch die Hierarchieebenen, Innovationen erarbeitet werden.
- Mit Innovationszyklen und -kreisläufen, die dem Schema

»Analysieren – Entwickeln – Testen – Optimieren« folgen. Gerne in geschlossener Kreisform.
- Mit kalendarisch durchdachter und revolvierender Transparenz für das Topmanagement, gerne unter Nutzung von Slides, die denen von Projektstatusberichten in nichts nachstehen.
- Mit »einfach zu erntenden Früchten« oder »Quicktime-to-customer«-Aktionen, an denen Ihr Haus seine Umsetzungsfreude und -geschwindigkeit demonstrieren kann.

Immer wenn Innovation kontrolliert »geplant« wird, wenn sie Bahnen folgen soll, die von Unbeteiligten ausgelegt und geformt wurden, wenn der Eindruck entsteht, man könne vorab Transparenz über Umfang und Ausgang haben, wenn Ihnen vermittelt wird, Methoden würden Ihnen ständig Kontrolle über den Stand und Fortschritt von Innovationen geben, ist Vorsicht angebracht. Besondere Vorsicht dann, wenn Ihr Umfeld nicht sonderlich innovationsfreudig ist und Ihnen nahegelegt wird, genau diese Methoden würden Innovation erst befeuern.

Wenn das ganze Buch aber doch die Verbindung von Gegensätzen, die umfassende Betrachtung zum Ziel hat, wo ist hier der Teil, der die Innovation positiv ergänzen soll? Bedeuten die vorigen Absätze nicht die völlige Ablehnung von Dokumentation, Kontrolle und Planung?

In der beschriebenen Weise sind sie das. Jedoch haben Innovationen aus losgelösten Laboren von dafür freigestellten Mitarbeitern häufig das Manko, dass sie keinen

Anschluss an die Praxis finden. Das Ergebnis sind abgeschottete Insellösungen mit (Kleinst-)Innovationen ohne Anschluss zu Datenhaushalten, zu Prozessen und Systemen, ohne Anschluss zu Vertriebs- und Ergebnisverantwortlichen, ohne Anschluss zu betroffenen Stakeholdern im gesamten Unternehmen, ohne Anschluss zu den Herzen der Menschen. Es mag pathetisch klingen, aber bei einem solchen Vorgehen sind Akzeptanz und Begeisterung nur schwer, ein positiver Nutzen für das Unternehmen ist kaum erreichbar.

Diese Kluft zwischen kontrollierter Entwicklung und Dokumentation auf der einen und völlig ergebnisoffener und kreativer Innovationen auf der anderen Seite sollte bereits zu Beginn überwunden werden. Ungelöste Konflikte sowie unvereinbare Einstellungen würden sonst bereits ab Aufsatz des Vorhabens die Schaffung neuer, erweiterter Denkräume vereiteln. Aber wie gelingt es, laufend Akzeptanz bis hin zur Begeisterung zu ermöglichen und zeitgleich die Anschlussfähigkeit an den Rest des Unternehmens von Beginn an im Blick zu haben und nie aus den Augen zu verlieren?

Austausch, Transparenz und gegenseitiges Zuhören sind die Erfolgstreiber. Die Gruppe der Innovatoren muss laufend und regelmäßig mit den »anderen« im Unternehmen in Kontakt bleiben, sich gerne auch aus deren Einheiten rekrutieren. Eine dauerhafte Abkopplung jedoch entfremdet die Innovation. Austauschformate mit gegenseitigem (!) Zuhören, mit Transparenz über das neu Erdachte, über die Chancen für das Unternehmen, über mögliche Integration in das bestehende Unternehmen, sowohl auf Daten- als auch auf Prozessebene, helfen, im Erfolgsfall ideale Bedingungen für eine Anschlussfähigkeit sicherzustellen.

Und hier setzen die weiter oben noch als abwegig markierten Positionen und Werkzeuge für Planung und Kontrolle auf. Sie dürfen eben nicht eingesetzt werden, um Innovationen zu kanalisieren, ihnen eine vorgedachte Entwicklungsbahn mit Meilensteinen zu geben, sondern sie können gewährleisten, dass sich bei wiederkehrenden, regelmäßigen, moderierten, vorurteilsfreien, geistig offenen Austauschrunden ein Diskurs entwickelt, der Innovation unterstützt, Anschlussfähigkeit garantiert, nicht direkt Beteiligte integriert und Innovation somit zu einem wirksamen Unternehmensergebnis werden lässt.

Lassen Sie sich Innovationen nicht als planbare Maßnahme verkaufen. Nutzen Sie Planung gezielt für eine laufende Verbindung zwischen Innovatoren und Stakeholdern im Unternehmen.

Entscheidend ist das Aufstoßen neuer Denkräume durch freie Innovation UND die Sicherstellung der Wirksamkeit für Ihr Unternehmen durch verlässliche, laufende Transparenz für die Stakeholder im Unternehmen.

35. Pour le plaisir – Kommunikation mit Vergnügen

Um ein Projekt erfolgreich durch die Organisation zu tragen, bedarf es der Unterstützung, des Commitments, der Ressourcenzuweisung von Personen, die fachlich häufig eine etwas größere Distanz zum konkreten Thema haben. Auch sie wollen überzeugt über das Projekt sprechen und es bei Erfolg für sich reklamieren. Dafür braucht es klare Botschaften. Diese gut zu erzählenden Botschaften sollten idealerweise drei Ebenen treffen:

- übergeordnete, auch extern verwendete Kommunikation,
- offensichtliche Vorteile für die Organisation sowie
- konkrete Kundenvorteile, die auf den ersten Blick überzeugen.

Für ein Versicherungsunternehmen mit einer Digitalisierungsstrategie könnten z. B. drei Maßnahmen die oben genannte Mischung ideal bedienen. Die Botschaften könnten dann lauten:

- Wir werden unsere Kosten in der Schadenfallbearbeitung um 15 % senken.
- Wir geben unseren Mitarbeitern im Callcenter mehr Freiraum für vertriebliche Ansprache, da wir den Prozess für die Anfrage zur Erstellung von Beitragsnachweisen als Selfservice für den Kunden anbieten.

- Unsere Kunden bekommen künftig kein Standardangebot mehr. Bisher haben wir die Frage nach einer Hausratversicherung mit zig Seiten Versicherungsbedingungen beantwortet. Künftig stellen sich unsere Kunden das selbst zusammen: Kunde Thorben hat ein teures Fahrrad, keine Kinder, keinen Schmuck und eine Wohnung im 4. Obergeschoss. Kundin Elena hat kein Fahrrad, wohnt mit ihrer Familie und zweijährigem Kind im Erdgeschoss eines Mehrfamilienhauses. Der Preis sinkt durch jede Abwahl, die nicht versichert werden muss. Das Ergebnis: volle Transparenz und exakt auf den konkreten Bedarf zugeschnittene Angebote.

Dieser Dreiklang lässt sich prima erzählen, gut darstellen und ist zudem schlüssig. Menschen lassen sich damit überzeugen. Nur mit einem derart schlüssigen Dreiklang kann man über alle Ebenen im Unternehmen hinweg überzeugen. Haben Sie im Vorfeld einen solchen Dreiklang entwickelt, ist Ihre Argumentation eine wetterfeste Burg.

Im konkreten Projekt dreht es sich gerade nicht um diesen kommunikativen Dreiklang. Eine kleine Auswahl möglicher Themen: Die Datenversorgung bei einer Abschlussoption aus der mobilen Nutzung ist noch nicht sichergestellt, der Datenschutz stellt zusätzliche Anforderungen an die Dokumentation, ein technisches Vorsystem, zu dem Abhängigkeiten bestehen, liefert nicht zum vereinbarten Zeitpunkt, die Hardware erscheint in Spitzenzeiten nicht ausreichend dimensioniert. Diese Reihe ließe sich beliebig fortsetzen. Weshalb führe ich sie hier überhaupt auf?

Ihr Management hat weder Lust noch Zeit, sich damit auseinanderzusetzen. Das ist Ihre Aufgabe im Projekt. Sie müssen dafür Lösungen schaffen. Alles sind technisch und fachlich unverzichtbare Bestandteile, die erst im positiven Zusammenspiel ihre Wirkung entfalten. Üblicherweise fließen die kommunikativ geplanten Botschaften und die aktuellen fachlichen Herausforderungen in Statusberichten zusammen. Dort treffen sie sich entweder in den Fußnoten zu gelben Ampelfarben oder in Sprintplanungen, die wegen Nacharbeiten neu geplant werden – je nachdem, in welcher Art und Weise bei Ihnen solche Digitalisierungsthemen angegangen werden.

Weshalb bringe ich hier auf der einen Seite den kommunikativen Dreiklang für das Management und auf der anderen Seite das eher operative und fachliche Projektgeschäft miteinander in Verbindung?

Ich empfehle für die beiden Rollen eine Personalunion: einen glaubwürdigen Sprecher sowohl für das operative Projekt als auch für den Impact und dessen Kommunikation. Sie erreichen damit folgende Vorteile:

- Grabenkämpfe zwischen IT-naher Umsetzung und »abgehobenem« Management werden reduziert oder bestenfalls vermieden.
- Vereinen sich alle Projektbeteiligten hinter den kommunizierten Zielen, verschwimmen Hierarchie und Funktion vor der gemeinsamen Aufgabe. Die Aufgabe sollte das Vermögen besitzen, Partikularinteressen zu überstrahlen.

- Zutrauen und Vertrauen des Managements in das Projektteam steigen, denn man verfolgt ja nun ein gemeinsames Ziel, für das sich jeder in seiner Position bzw. aus seiner Rolle heraus einsetzt.
- Technische oder fachliche Hindernisse für das Projekt werden sofort und umgehend auch aus der Perspektive der kommunizierten Botschaften betrachtet. Lösungen werden passend zur Kommunikation entwickelt.
- Die Akzeptanz für das Projekt beim Management steigt und bleibt hoch, da sowohl eine laufende Unterfütterung der kommunikativen Botschaften sichergestellt als auch eine »Belästigung« mit operativen Themen minimiert ist.

Lässt sich dies nicht in einer Rolle darstellen, so wählen Sie getrennte Personen, die jedoch an eine Person als übergreifende Klammer berichten. Nicht als Dotted Line, sondern disziplinarisch und fachlich.

Vorhin nannte ich es, »›kommunikativen Dreiklang‹ und ›operatives Projektgeschäft‹« in Verbindung zu bringen. Früher hieß das noch: »Präsentation und Inhalt müssen stimmen.« Ja, es braucht beides, aber nicht als reine Ergänzung. Es genügt eben nicht, ein abgekapseltes Kommunikations- und Design- und/oder Sprach-Genie, welches selbst ohne Substanz hoch ansprechende, stark anmutende Botschaften präsentiert, und dass *daneben* oder *dahinter* oder *darunter* ein sprödes, fachlich komplexes Werk an Technik und Prozessen steht, welches die relevanten Inhalte trägt. Nein, diese beiden Dimensionen müssen eine sinnstiftende, sich antreibende und positiv entwickelnde Wirk-Verbindung eingehen.

Stellen Sie sich das anhand einer klassischen Armbanduhr vor. Ein Zifferblatt von erlesener Anmutung auf der Vorderseite, ein komplexes Werk auf der Rückseite. Ohne Verbindung hat beides keinen Wert und keine Wirkung. Mit Verbindung entfaltet es eine derartige Faszination, dass Optik und Wirkung verschmelzen: Dem Sekundenzeiger auf der Vorderseite sieht man bei seinem Lauf über das Zifferblatt zu. Durch einen Glasboden sieht man auf das Uhrwerk und die Details, die diese Wirkung entfalten.

Und wenn Sie nun sagen, das Beispiel einer klassischen Armbanduhr sei aus der Zeit gefallen, so denken Sie bitte daran, dass auch bei Digital- und Smartwatches Display und Chip erst gemeinsam ihre Wirkung entfalten.

Trennen Sie nicht managerielle Kommunikation und operatives Projektgeschehen. Mit einer Personalunion erreichen Sie die maximale Wirkung Ihres Projektes.

Entscheidend ist die zentrale Verbindung aus Kommunikationshoheit UND operativer/fachlicher Projektsteuerung.

36. Experten für Sprint und Marathon

Ich selbst bin kein Sportler. Ab und zu unternehme ich eine Radausfahrt. Betreibt man jedoch intensiv Sport, findet auch recht schnell eine Spezialisierung statt. Für einige Sportarten scheint man »wie gemacht«, andere fallen einem schwerer, zu weiteren hat man gar keinen Zugang. Auch wenn Sie es nicht aus eigenem Erleben kennen sollten: Vergleichen wir einmal die Sportler für Sprint und Marathon. Sprintläufer sind Kraftpakete, die eine enorme Beschleunigung aktivieren können, diese Kraft jedoch nur für kurze Zeit aufbringen können (und müssen). Marathonläufer sind rein optisch bereits das Gegenteil der Sprintläufer. Sie sind eher hager, ihr geringes Gewicht unterstützt die maximale Sauerstoffaufnahmefähigkeit, Muskelaufbau und Training sind konsequent auf Ausdauer angelegt. Jeder kann in seinem Sport eine maximale Leistung abrufen, jeder ist für seinen Sport optimiert, jeder wäre in der Sportart des anderen weit unterlegen.

Diese Spezialisierung ist für den Sport selbstverständlich und nachvollziehbar. Es kann nicht einen Menschen geben, in dem die teils widersprüchlichen Ideale in Kombination angelegt sind. Diesen Gedanken übertragen wir nun auf das Projektgeschäft.

- Vom Sprinter übertragen wir die Eigenschaften Geschwindigkeit und Kraft für schnelle Projektergebnisse und kraftvoll skalierbare Anwendung.

- Vom Marathonläufer übertragen wir die Eigenschaften Ausdauer und Taktik für Beharrlichkeit in der Projektumsetzung und Geschick bei der Kommunikation und Steuerung.
- Und von beiden übertragen wir natürlich die Eigenschaften exzellente Vorbereitung, Expertise und Wille zum Erfolg.

In Summe haben wir dann diese Eigenschaften zusammengetragen:

- schnelle Projektergebnisse
- kraftvoll skalierbare Anwendung

- Beharrlichkeit in der Projektumsetzung
- Geschick bei Kommunikation und Steuerung

- exzellente Vorbereitung
- Expertise
- Wille zum Erfolg

Wenn ich mit Partnern oder Verantwortlichen aus unterschiedlichsten Unternehmen und Branchen spreche, bin ich immer wieder überrascht, wie häufig gravierende Lücken in diesen Dimensionen bestehen.

Wie oft ist der Fokus alleine auf den Faktor »schnell« gelegt. Natürlich sind schnelle Ergebnisse besser als langsame. Wenn schnelle Ergebnisse jedoch nicht skalierbar und den Folgeanforderungen nicht gewachsen sind, helfen sie gar nicht. Wenn »schnell« bedeutet, in eine Sackgasse investiert zu haben, so wird das Umdrehen zum letzten Abzweig, um dort wieder Kurs aufnehmen zu können, als Rückschritt interpretiert. Natürlich ist ein beharrliches Verfolgen von Projektzielen gut und lobenswert. Wenn diese Ziele jedoch schlecht kommuniziert oder Budgetmittel zu Unzeiten eingefordert werden, auch weil es keine Zwischenergebnisse gibt, dann erscheint beharrliches Verfolgen eben als verbohrtes Klammern und senkt die Akzeptanz.

Im Projektgeschäft sollten wir diese Dimensionen verbinden. Wir können Teams zusammenstellen, deren Stärken in den unterschiedlichen Dimensionen liegen und die in Summe alle Dimensionen abdecken. Wir können es uns erlauben, Teile der Ressourcen für Zwischenergebnisse zu investieren. Wir müssen laufend daran denken, Dinge skalierbar zu realisieren. Denn was nützen die schönsten Tools und die pfiffigsten Kundeninteraktionen, wenn deren Abwicklung erhebliche Ressourcen bindet. Im schlechtesten Fall sogar genau die Ressourcen, die für die Weiterführung des Projektgeschäfts benötigt werden. Also sind Zwischenergebnisse auch wirklich nur Zwischenergebnisse. Sie können als Beleg für Erfolg dienen, quasi als Checkpoint für den korrekten Kurs zum Erfolg. Sie können ein gutes Gefühl für getroffene Investitionsentscheidungen bzw. die entschiedenen Budgetzuweisungen vermitteln. Das ist nicht zu unterschätzen. Aber niemand sollte sich der Illusion hingeben, damit sei der Gesamtprojekterfolg bereits im Kasten. Was heute noch als innovativ und super wahrgenommen wird, erscheint bereits nach kürzerer Zeit als normal, als Standard. Die Begeisterung für Neues ebbt schnell ab. Das ist die Ungnade des Projektgeschäfts.

Daher kommt der Einbettung dieser Zwischenergebnisse in eine logisch-schlüssige Roadmap auch eine erhebliche Bedeutung zu. Erst im Rückblick erscheinen so erreichte Zwischenergebnisse als sinnvolle Entwicklungsstufen, die aufeinander aufbauen, und eben nicht als eigenständige, lose Teile. Erst durch die taktische Aneinanderreihung schneller Zwischenergebnisse ergibt sich die »Road of Proofs«, die Ihren Zweiflern die Argumente nimmt und Ihren Unterstützern die Argumente liefert.

Dieses Feld zwischen Sicherheit in der Umsetzung und dem Blick für das große Ganze, dieses Spannungsfeld zwischen schnell und qualitativ exzellent ausgereift stets im Auge zu haben, ist die besondere Anforderung, der dieses Kapitel gilt. Und mit dieser Verbindung verlassen wir dann auch wieder die Welt des Sports, mit der wir gestartet sind.

Beachten Sie bereits heute die Anforderungen von morgen. Liefern Sie stets kundenwirksame Zwischenergebnisse.

Entscheidend für einen substanziellen Erfolg ist die zügige Auslieferung von kundenwirksamen Zwischenergebnissen UND eine gute Taktik mit langem Atem auf dem Weg zum strategischen Ziel.

37. Relevanz und Fokussierung

Stellen Sie sich bitte einen Kasten mit Bauklötzen kleiner Kinder vor. Vielleicht haben oder hatten Sie sogar einen in Ihrer Familie oder Sie erinnern sich an Ihre eigene Kindheit. Nehmen Sie in Gedanken nun diesen Kasten, leeren Sie ihn aus und betrachten Sie das Ergebnis: viele einzelne Steine, kein Bauwerk. Wie wird aus den vielen einzelnen Steinen nun aber ein Bauwerk? Sie brauchen dazu eine Vorstellung, was Sie erschaffen wollen (vielleicht noch nicht im Detail, aber grob), Sie brauchen Platz, um das Neue aufzubauen, Sie brauchen Zeit und Sie brauchen natürlich die zuvor ausgeschütteten Bauklötze.

Würde es helfen, die Nichtexistenz eines Ergebnisses mit einem weiteren Kasten an Bauklötzen zu »heilen« und einfach diese Klötze noch zu den anderen hinzukippen? Sie werden diesen Gedanken für völlig albern und nicht zielführend halten.

Würde es helfen, ein weiteres Kind dazuzusetzen, damit die beiden Kinder dann aus den Bauklötzen etwas erschaffen, wenn sie sich vorher nicht darüber ausgetauscht hätten, was eigentlich erschaffen werden soll? Sie werden diesen Gedanken für völlig albern und nicht zielführend halten.

Würde es helfen, wenn Sie für ein zügiges Ergebnis noch andere, neue, attraktive Spielsachen in den gleichen Raum legen? Sie werden diesen Gedanken für völlig albern und nicht zielführend halten.

Mit diesem provokanten Einstieg möchte ich auf die Bedeutung von Fokussierung in Ihren Projekten hinweisen. Suchen Sie sich aus, wofür die Bauklötze stehen sollen: für Teammitglieder, Funktionalitäten, technische Komponenten, Ideen Ihres Umfelds oder vielleicht eine Mischung daraus. Es ist überraschend, wie vielseitig dieses Gedankenspiel genutzt werden kann.

Nun möchten Sie Ihr Digitalisierungsprojekt erfolgreich umsetzen:

Sie brauchen dazu:	Mitstreiter, die das gleiche Ziel vor Augen haben.
Sie brauchen nicht:	Menschen, die unkoordiniert neue Steine auf die Baustelle werfen.
Sie brauchen dazu:	Freien Platz, auf dem Sie Ihre Vision entwickeln können.
Sie brauchen nicht:	Eine Ruine mit Resten, in die Sie Ihre Vision integrieren sollen.
Sie brauchen dazu:	Ein Lager mit Bausteinen, aus denen Sie selbst auswählen können.
Sie brauchen nicht:	Jemanden, der Ihnen vorgibt, welche Bauklötze auf jeden Fall zu verwenden seien.
Sie brauchen dazu:	Bedachte Überlegungen, wenn Sie an neue Stellen kommen, die Sie bislang nicht gebaut haben.

Sie brauchen nicht:	Hektisches Agieren, wenn Unvorhergesehenes eintritt.
Sie brauchen dazu:	Einen Schutz für Ihre Baustelle in der Entwicklung.
Sie brauchen nicht:	Störungen durch anderweitige Fremdnutzung der Baustelle.
Sie brauchen dazu:	Die Kompetenz, Mitarbeiter ohne Kompetenz von der Baustelle zu entfernen.
Sie brauchen nicht:	Fremdeinflüsse auf Ihr Team und die vorgegebene Einbindung von Schlechtleistern.
Sie brauchen dazu:	Kompetenz zum Festlegen der Qualitätskriterien.
Sie brauchen nicht:	Verantwortung für das Ergebnis zugewiesen bekommen, ohne die korrespondierenden Kompetenzen erhalten zu haben.
Sie brauchen dazu:	Direkte Kommunikation mit den Teammitgliedern.
Sie brauchen nicht:	Abstimmung und Steuerung Ihrer Teammitglieder über fachlich unbeteiligte Dritte.
Sie brauchen dazu:	Mitgestalter, über deren Art und Weise der Zusammenarbeit und Einbindung Sie entscheiden können.
Sie brauchen nicht:	Mitgestalter, die zeitgleich an zig anderen Themen arbeiten und die Sie nicht priorisieren können.
Sie brauchen dazu:	Konzentration auf Ihr Projekt.

Sie brauchen nicht: Verzettelung auf zig andere Themen, die nichts zum Projekterfolg beitragen.

Kurz: Sie brauchen Relevanz und Fokussierung. Da Sie in der Realität diese Idealbedingungen nie antreffen werden, sind Sie es, der Abweichungen aufspüren und beseitigen muss. Entweder selbst oder durch Zuhilfenahme Dritter. Andere werden das nicht eigenständig für Sie tun. Das klingt nicht sehr optimistisch, aber es wäre auch praxisfremd, von anderen Umständen auszugehen.

Lassen Sie sich auch bei prasselndem Regen selbst aus der Gegenrichtung nicht ablenken und beirren.

Entscheidend für ein wirkungsvolles Projektergebnis ist Fokussierung auf die substanziellen Dinge UND Relevanz aller unternommenen Aktivitäten.

38. Das Hamsterrad

Der Buchtitel bezieht sich auf erfolgreiche Digitalisierungsprojekte. Projekte benötigen Ressourcen, sie entfalten Aktivität, sie ziehen Kraft von Linientätigkeiten und sie schaffen (im Idealfall) etwas Neues.

Das Streben nach »höher, schneller, weiter« ist uns Menschen seit Jahrtausenden mitgegeben. Zahllose Entwicklungen, wie wir sie kennen und wie selbstverständlich nutzen, wären sonst nicht möglich gewesen, Entdeckungen wären nicht gemacht worden, Erfindungen nicht ausgetüftelt worden, Verbesserungen nicht umgesetzt worden.

So werden auch alle Vorhaben stets mit reichlich positiven Eigenschaften umschrieben, wenn man sie denn realisieren würde, wenn die Mittel bereitgestellt würden, ja wenn nur ...

Bezogen auf Ihr Unternehmen: Was ist eigentlich aus all den bisherigen Projektergebnissen in Ihrem Unternehmen geworden? Werden die Ergebnisse genutzt? Bringen sie relevanten Mehrwert für den Kunden und/oder Ihr Unternehmen? Häufig werden diese Ergebnisse und die sich daraus ergebenden Prozesse halbherzig weiter (mit-)geführt. Ihre Relevanz im Themenportfolio nimmt sukzessive, manchmal auch unmerklich ab. Und so bildet sich ein Bodensatz aus zig Einzelthemen in Ihrem Portfolio, welcher dauerhaft mitbetreut und mitbetrieben wird.

Starten nun neue Projekte, so verteilen sich die Ressourcen auf die Themen Linie, Bodensatz aus Altprojekten und das neue, aktuelle Projekt. Doch Komplexität ist nicht beliebig steigerbar, Ressourcen sind nicht beliebig vermehrbar. Handelt es sich vielleicht eher um unternehmenszentrierte Aktivitäten, die der Kunde gar nicht als Vorteil erlebt?

Neue Projekte laden dazu ein, ja sie sollten sogar dazu herausfordern, Ballast abzuwerfen, Bodensatz ersatzlos zu entfernen, den Scope noch unerbittlicher auf den Kunden und die Relevanz für Ihr Unternehmen zu lenken. (Ja, persönliche Befindlichkeiten von Personen, die die Projekte seinerzeit gewünscht, unterstützt und verantwortet haben, sind in voriger Aufzählung nicht enthalten.)

Wie kann man dabei vorgehen? Nehmen Sie sich die Themen einzeln vor und fragen Sie sich nicht, welche Ergebnisse aktuell erbracht werden. Sie übersehen dann schnell die (geringe) Relevanz. Fragen Sie sich daher besser »Was fehlt unseren Kunden, wenn es dieses Thema nicht mehr gibt?« und daraus folgend »Welche ökonomische Auswirkung hat dieses Fehlen für uns?« Sie werden überrascht sein, in welch klarem Licht einige bisher liebevoll betriebene Themen ihr Ende finden.

Etwas zu lassen, etwas nicht mehr zu betreiben, etwas einzustellen sind Aktivitäten, die sich nicht einfach durchsetzen lassen. Und Sie sollten überzeugt sein, dass die Nachteile aus dem »Lassen« des Bisherigen überkompensiert werden durch die Vorteile aus dem »Tun« des Neuen. Ich selbst bin überzeugt: Es werden sich neben Projekt- und

Innovationsthemen auch immer wieder Dinge finden, die ohne ausreichende Relevanz für den Erfolg mitgeschleift werden und Ressourcen binden.

Kalibrieren Sie laufend Ihr gesamtes Portfolio an Themen.

Entscheidend für optimale Relevanz ist es, Zielführendes zu tun UND weniger Zielführendes bewusst zu (unter)lassen.

39. Unsere Organisation liegt voll im Trend

Völlig unabhängig, ob Ihre Firma Projekte klassisch oder agil angeht, in nahezu jedem Unternehmen existieren Organisationseinheiten (nachfolgend OrgEinheiten). Seien das nun Bereiche, Referate, Abteilungen, Gruppen, Teams, Squads, Stabsstellen, Chapter oder was auch immer. Wir betrachten jetzt die Namensgebung für diese OrgEinheiten, auch wenn das auf den ersten Blick nichts mit Digitalisierungsprojekten zu tun hat. Auf den ersten Blick ...

Haben wir in einer Versicherung drei Einheiten mit den Namen

- Schadenaufnahme,
- Schadenprüfung,
- Schadenbearbeitung,

so kann man vermutlich nicht von einer kundenzentrierten Ausrichtung sprechen. Es handelt sich hier doch eher um ein Indiz für eine prozessgetriebene Organisation mit ausgeprägter Innensicht.

Haben wir in einem Telekommunikationsanbieter drei Einheiten mit den Namen

- Customer Centricity,
- Customer Optimization,

- Customer Retargeting,

so sind diese Namen so beliebig gewählt, dass nicht nur das darin liegende Überschneidungspotenzial für Verwirrung sorgt. Vielmehr sind die Begriffe auch so allgemeingültig, dass daraus weder Fokus noch Scope noch Mehrwert erkennbar wird.

Haben wir bei einem Fashion-Anbieter drei Einheiten mit den Namen

- Newsletter & Bestellbestätigung,
- Kundenhotline,
- Rechnungseinzug,

so sehen wir eine an Systemen und Tools ausgerichtete Sicht mit Fokus auf den generierten Output aus Sicht des Unternehmens.

Haben wir bei einem Finanzdienstleister vier Einheiten mit den Namen

- Neuroscience Based Analytics,
- Customer Centered Offering,
- Omni Channel Competence Center,
- Realtime Dashboarding,

so sind diese Namen hauptsächlich Ausdruck einer dynamischen Aufnahme von allerlei Trendbegriffen, die auch hier nicht den Wertbeitrag aus Kundensicht berücksichtigen, sondern eher transportieren, wie schnell und konsequent dieses Unternehmen oder dieser Unternehmensteil Trends aufgreift bzw. aufzugreifen scheint. (Umso wichtiger wäre es in solchen Unternehmen, dass Inhalt und Ergebnisse dann auch zu den trendigen, modernen Titeln passen. Der Grad der Peinlichkeit wird umso größer, je weniger die Ergebnisse der Bezeichnung entsprechen.)

Kurzer Exkurs: Auch die Bezeichnung »Competence Center ...« mit entsprechender Weiterführung des Namens halte ich für unglücklich. Ich würde Kompetenz gerne bei meinen Kontakten mit dieser Einheit *spüren* und mit einem *selbst gewonnenen* Eindruck der erfahrenen Kompetenz den Kontakt positiv abschließen. Eine qua Organigramm zugesprochene Kompetenz im Titel löst in mir die Frage aus, ob es denn notwendig ist, auf die Kompetenz wenigstens bzw. primär durch die Bezeichnung hinzuweisen. Wenn es sich dabei noch um Themen handelt, die im ganzen Unternehmen auch im Tagesgeschäft unabdingbar sind (z. B. Datenschutz oder Kundenzentrierung), dann kann ein solcher Name auch zu einer – falschen – exklusiven Zuweisung der Auseinandersetzung mit dem Thema an diese eine OrgEinheit führen.

Wirklich gut ausgewählte Namen erkennen Sie unter anderem daran, dass Themen und Verantwortlichkeiten schnell und interpretationsfrei einzelnen Einheiten zugeordnet werden können. Das ist natürlich primär bei Einheiten notwendig, bei denen diese Themeneinordnung oftmals aus externer Sicht erfolgt, also bei häufigen Erstkontakten.

Aber auch die Rolle jeder OrgEinheit in Digitalisierungsprojekten kann bei guter Namensbezeichnung der Einheiten bereits vorgezeichnet sein. Je überschneidungsfreier die Verantwortlichkeiten im Namen inkludiert sind, desto klarer kann sich auch ein Selbstverständnis der Mitarbeiter in dieser Einheit entwickeln. Beliebige Strukturen mit beliebigen Ergebnisverantwortungen bewirken beliebige Ergebnisse.

Betrachten wir einen Ausschnitt eines Reisevertriebs mit Filialen und Onlineshop, dann könnten ausgewählte OrgEinheiten diese Namen tragen:

- Bedarfserkennung
- Kontaktmanagement
- Filialvertrieb
- Onlinevertrieb
- Buchungssystem

Damit wäre deutlich, was wo für den Kunden getan wird. Man könnte es dem Kunden sogar leicht erklären. (Versuchen Sie das einmal mit den Namen Ihrer Organisation.) Es wird deutlich, dass die ersten beiden Einheiten kanalübergreifend aktiv sind. Die nächsten beiden Kanaleinheiten sind für den Vertrieb und die Ausgestaltung ihres Kanals verantwortlich. Die letzte Einheit verantwortet die Abwicklung der Buchungen. Bisher nicht beantwortet wäre hieraus die Frage, wie mit Interessenten umgegangen wird. Ein Manko der oben dargestellten Bezeichnungen. Sehr klar würde jedoch das Zusammenspiel, wie im Filialvertrieb Bedarf erkannt wird. Hier liegt die kanalübergreifende Analyse bei der Bedarfserkennung, die umso besser wird, je mehr und je intensiver der Filialvertrieb Kundendaten und Kundeninformationen pflegt. Ebenso ergeben sich hieraus Anforderungen des Filialvertriebs an die Einheit Kontaktmanagement. Denn das rechtzeitige Erinnern an Termine, an Ferienzeiten, an Umbuchungen, muss nahtlos mit dem Filialvertrieb zusammengehen. Je besser der Kunde seine Touchpoints bei Reisen erlebt, umso höher ist seine Buchungsbereitschaft und die Abgabe eventuell notwendiger Opt-ins. Wenn er das Gefühl bekommt, die digitalen Kontakte seien der verlängerte Arm des Filialvertriebs, hält damit auch die Wirkung seiner persönlichen Kontakte zu dem Filialvertrieb länger an.

An dieser Stelle muss ich noch einmal auf die vermeintlich fehlende Agilität eingehen. Ein ganzes Kapitel für die Bezeichnung von OrgEinheiten in Zeiten absoluter Agilität, der Auflösung von Organisationen, der Kollaboration über alle Grenzen hinweg, am besten ohne Grenzen – wie passt das zusammen? Sind solche Gedanken nicht aus der Zeit gefallen und Beleg entweder für eine Rückwärtsgewandtheit oder ein Festhalten am Alten oder eine Verweigerung von Veränderung?

Hierauf ein ganz klares »Nein«.

Die Anzahl von Ausarbeitungen und Empfehlungen für agile Unternehmen ist unüberschaubar. Die Realität bzw. die Ausgangsbasis in den Unternehmen darf jedoch nicht ignoriert werden, wenn man Erfolge erzielen möchte. Die Veränderungsnotwendigkeit muss auf Ist-Situationen aufsetzen, wie wir sie vorfinden. Wenn analytisches CRM in der Einheit Finanzen angesiedelt ist (das gibt es wirklich), ist doch offensichtlich, dass Kundenzentrierung und Vertriebsnähe noch optimierbar sind. Ein reines Überstülpen von agilen Methoden alleine würde hier nichts Substanzielles bewirken.

Eine weitere These: »Je lauter der Ruf nach Agilität und Flexibilität, umso schlechter ist die Organisation aufgestellt.« Dort wo OrgEinheiten bereits streng auf Kundenrelevanz und Mehrwert für den Kunden ausgerichtet und zugeschnitten sind und jede OrgEinheit über die fachlich notwendigen Kompetenzen und Skills verfügt, wird das Rufen nach Agilität leiser. Agiles Zusammenarbeiten für maximalen Kundenerfolg ist dann keine »neue Mode«, sondern selbstverständliche und täglich gelebte Praxis.

Dritter und letzter Punkt: Die gedankliche Gleichsetzung von Agilität mit Geschwindigkeit (positiv) sowie Organisation mit Behäbigkeit (negativ) ist ein grundfalscher Start für Kundenzentrierung. Natürlich ist Geschwindigkeit positiv und Behäbigkeit negativ. Wenn jedoch Agilität in unkoordinierte Doppelaufwände und Sunk Costs mündet, wird auch sie negativ; wenn Organisation zu ressourcenoptimierten, zügigen Entscheidungen in neuen Situationen führt, wird auch sie positiv. Kurzum: Wir sollten uns nicht von isolierten Begrifflichkeiten blenden lassen. Wer es dennoch zulässt, macht es sich zu einfach und mindert die Chancen auf Erfolg.

Die Namen für die OrgEinheiten in Ihrem Unternehmen sollten jedem Kunden deren Wertbeitrag für ihn vermitteln.

Entscheidend für eine wertschöpfende Organisation ist die Namensvergabe der OrgEinheiten nach Wertbeitrag für den Kunden UND der dort innewohnenden Geisteshaltung.

40. Worte prägen das Denken

Während wir uns im vorigen Kapitel recht eng an Strukturen im Unternehmen angelehnt haben, werfen wir nun einen Blick in die Gedankenwelt unserer Partner, Kollegen und Kunden. Jeder entwickelt hier seine Gedanken, doch als Sender von Informationen haben Sie erheblichen Einfluss auf die Gedankenwelt Ihres Gegenübers – was dieser natürlich auf Nachfrage von sich weisen würde. Vielleicht ist Ihnen der Begriff des Framings bekannt. Kurz gesagt beschreibt er die Schaffung eines Deutungsrahmens, einer Einordnung von Informationen durch Inkontextstellung mit anderen Worten oder durch Inbezugsetzung zu anderen Beiträgen. Möchten Sie z. B. in Ihrer Küche bestimmte Modernisierungsleistungen durchführen und erhalten hierfür ein Angebot, hinterlassen die beiden folgenden Gesprächssituationen einen unterschiedlichen Eindruck bei Ihnen.

- Der Anbieter nennt Ihnen im Erstgespräch eine grobe Schätzung von 10.000 bis 15.000 Euro, die man für so ein Vorhaben schon veranschlagen müsste.
- Der Anbieter berichtet stolz, dass er derartige Arbeiten auch in Objekten von Schauspielern, Künstlern, Politikern durchführt, die mit seinen Arbeiten sehr zufrieden seien. Das Auftragsvolumen beliefe sich da in der Regel auf 12.000 bis 22.000 Euro, der Durchschnitt läge bei rund 17.000 Euro. Nach Aufnahme Ih-

rer Wünsche gibt er Ihnen eine grobe Schätzung von 14.000 Euro.

Während bei der ersten Variante der Betrag hoch erscheinen wird, schätzt man sich bei der zweiten Variante glücklich, die Leistung zu einem doch offensichtlich fairen Preis zu erhalten. In der Mehrzahl der Fälle kostet es ja mehr.

Oder es werden durch Hinzunahme einiger Adjektive bestimmte Subjekte, Fähigkeiten oder Module unbewusst positiver oder negativer eingeschätzt. Sie erhalten eine unbewusste Konnotation. Tückisch ist dies, wenn es gar keine offensichtlichen, sondern versteckte Einwertungen sind.

- Wer auf eine erfolgreiche und komplex realisierte Lösung trifft und sich selbst gerne mit seiner Lösung positionieren möchte, wird die bestehende Lösung als »monolithisch« bezeichnen, was ja eigentlich nur »zusammenhängend« bedeutet, aber implizit auch mit »unflexibel« verbunden wird, ohne es auszusprechen.
- Wer als Anbieter weiß, dass das besuchte Unternehmen als potenzieller Kunde Veränderungen dringend nötig hat, wird formulieren, jeder wisse, »dass man mit klassischen Methoden nicht mehr weiterkommt« und daher der agile Pfad des Anbieters genau der richtige sei. Auch hier wird »klassisch« nicht als »bewährt« interpretiert, sondern als »veraltet«, ohne es auszusprechen.

Beide Beispiele zeigen, wie beiläufig diese Beeinflussung der Gedanken erfolgt, sie ist kaum merklich, sie entsteht während der Dialoge und ist kaum reproduzierbar. Hier heißt es, achtsam zu sein.

Neben der beiläufigen Verwendung von Adjektiven ist auch die Benamung von Subjekten grundsätzlich von entscheidender Bedeutung. Seien Sie sich immer bewusst, welche verdeckten Botschaften aus reinen Begrifflichkeiten abgeleitet werden:

- »Machine Learning« stellt den Menschen an die Seite.
- »Kundenmanagement« suggeriert, man könne Kunden managen.
- »Solution Center« verspricht, dass man nicht mehr weitervermittelt wird, sondern am Kontaktende auch eine Lösung steht.

Und mit diesen Erkenntnissen setzen wir unseren Fokus nun auf das Wort »Kampagne«. Der Begriff steht für eine zeitlich befristete, mit allen Mitteln mehrerer Menschen einer Organisation kraftvoll vorangetriebene (Kommunikations-)Maßnahme mit dem Ziel, etwas Konkretes zu erreichen. In der Politik sind es Kampagnen für einzelne Politiker vor der Wahl mit dem Ziel eines hohen Stimmanteils, im PR-Geschäft ist es die Beeinflussung und Gestaltung einer öffentlichen Meinung mit dem Ziel der Abwendung eines Imageschadens. Und im Marketing ist es die zeitlich befristete, kraftvolle Fokussierung auf die Bewerbung eines Produktes bei einem möglichst breiten Kreis von Kunden und Interessenten.

Ich frage mich, was also eine Kampagne mit Kundenzentrierung zu tun hat. Nichts. Kein Element einer Kampagne ist auf das Verstehen des Kunden, das Aufdecken oder Erfüllen eines Kundenbedürfnisses bzw. das Lösen eines Problems, den achtsamen Dialog mit dem Kunden, die Vermittlung relevanter Mehrwerte aus Kundensicht und die Ausführung zu einem für den Kunden passenden Zeitpunkt ausgerichtet. Selbst die Kanalwahl wurde bereits bei der Quartals- oder Jahresplanung festgelegt.

Wer Kundenzentrierung wirklich ernst meint, sollte den Begriff der Kampagne in seinem Unternehmen ungehemmt hinterfragen.

In der Einleitung zum Abschnitt »Die richtigen Themen« habe ich ein paar Formulierungen bewusst gesetzt. Es wird beim Lesen kaum aufgefallen sein, daher hier noch einmal ein Auszug:

> *»Denn ein großes Projektbudget oder eine lange Zeitdauer oder eine im Organigramm hoch angesiedelte Projektleitung sind noch lange kein Garant dafür, dass die Kundenzentrierung einen deutlichen Schritt nach vorne gebracht wird.«*

Eine »angesiedelte Projektleitung«: Das klingt nach landwirtschaftlichen, langlebigen Zyklen, die eher durch biologische Entwicklungen eine Veränderung erfahren als durch eigene Überzeugung. Im Anschluss wird »Kundenzentrierung nach vorne gebracht«. Das hört sich reichlich träge an. Sie möchte nicht so gerne ihre Position verändern, daher wird sie herumgetragen und irgendwohin gebracht.

Mit der Auswahl einzelner Wörter lassen Sie Gedanken aus einer bestimmten Startposition heraus ihren Lauf nehmen.

Entscheidend für eine zielgerichtete Kommunikation ist die achtsame Verwendung von Adjektiven UND die stimmige Verwendung von Subjektbezeichnungen.

41. Alles im Griff

Wir Menschen haben gerne alles unter Kontrolle. Unvorbereitete Überraschungen lassen sich nicht immer vermeiden, sie sind vielleicht auch mal das Salz in der Suppe – grundsätzlich haben wir jedoch lieber Kontrolle über alles. Wir haben gerne alles im Griff.

- Weshalb hat jedes Auto eine Tankanzeige?
  - Wir lassen uns ungern überraschen.
- Weshalb erwarten wir beim Onlineshop eine Versandbestätigung?
  - Wir möchten gerne wissen, dass unsere Ware auf dem Weg zu uns ist.
- Weshalb zeigt ein Equalizer für unterschiedlich eingestellte Frequenzen die einzelnen Verstärkungen bzw. Absenkungen selbst bei nicht professionellen Geräten für den Privatanwender?
  - Wir lassen uns gerne Kontrolle suggerieren.
- Weshalb gibt es in jedem Auto einen Drehzahlmesser und teilweise eine Ölstandsanzeige, obwohl auch die Farbfolge Rot/Gelb/Grün für die notwenige Information ausreichen würde?
  - Wir lieben Detailinformationen, auch wenn wir sie nicht benötigen.
- Weshalb gefällt uns im Flugzeug die Live-Landkarte, die neben der aktuellen Position auch Flugroute, Entfernung zum Ziel in Meilen und zig andere Dinge zeigt?

- Wir lassen uns gerne den Eindruck vermitteln, als hätten wir die Kontrolle – dabei haben wir sie gerade in dieser Situation überhaupt nicht.

Durch Technologie ist die Erhebung, Aggregation und Darstellung von Zahlen heute gar kein Problem mehr. Vielmehr entsteht eine neue Herausforderung. Wie gelingt es, diese Zahlen für die einzelnen Empfänger im Handling und in der Aufbereitung so zu handhaben, dass eine maximal positive Wirkung erzielt wird? Eine Wirkung über die reinen Inhalte, für die diese Zahlen stehen, hinaus.

Übernehmen wir zur Gestaltung eines solchen Dashboards doch einfach Grundsätze der Kundenzentrierung auf die Möglichkeiten, die Sie Ihren Kunden auch beim Umgang mit diesen Zahlen geben möchten. Ebenso wie eine Bedarfsvermutung eben nur eine Vermutung ist, die im Kundenkontakt validiert wird, so ist auch die Darstellungsform eine Option, die der Kunde für sich selbst validieren, entscheiden und gestalten können sollte.

Klassifizierung

Einzelne Telefonate, einzelne Umsätze, einzelne Teilnehmer – immer dort, wo eine größere Anzahl von Datensätzen die Übersicht erschwert, bietet sich Klassifizierung an. Gerne können Sie dies durch vorgelagerte Analysen belegen lassen. Auf jeden Fall aber benötigt der Empfänger die Möglichkeit, diese Vorschläge überschreiben und abweichend belegen zu können. Sonst ist es keine Hilfe, sondern eine Bevormundung.

Optik

Es gibt herausragende Ausarbeitungen darüber, welche optische Darstellungsform für welche inhaltlichen Aussagen am besten geeignet ist. Sie können sich diese sicher für eine Erstbelegung zunutze machen. Letztendlich gilt auch hier: Überlassen Sie jedoch dem Empfänger die Möglichkeit, die Optik seinen Wünschen anzupassen. Auch wenn es nur leichte Adjustierungen sind, z. B. Skalierung einer Achse, Auswahl von Farben, Wechsel zwischen Linien-, Kreis- und Säulendarstellung. Entscheidend ist das Angebot einer stimmigen Darstellung und die nachfolgende Möglichkeit der Personalisierung.

Position

Sie können nicht wissen, welche Zahl und welche Aussage auf der Ergebnisdarstellung, z. B. einem Dashboard, für ihren Empfänger die höchste Relevanz haben. Sie könnten es vermuten, jedoch wird abhängig von Funktion, Aufgabe oder aktuellem Schwerpunkt nicht immer für jeden Empfänger die gleiche Information den gleichen Stellenwert haben. Hier bewähren sich Widgets immer wieder. Elemente innerhalb eines Dashboards können durch den Nutzer nach der Erstauswahl verschoben und weitgehend beliebig auf dem Dashboard angeordnet (oder auch ausgeblendet) werden. Unterschätzen Sie nicht die Akzeptanzsteigerung durch Ausblendung. Der Kunde liebt die Möglichkeit, unliebsame Informationen zu ignorieren.

Zeit
Natürlich ist für das Auslastungsreporting eines Callcenters nicht der Stand des gleichen Datums vor drei Jahren von Relevanz. Aber sollten Sie deswegen diese Referenz unterbinden? Vielleicht hat der Verantwortliche, in diesem Fall unser Berichtsempfänger, vor genau drei Jahren seine Aufgabe angenommen, und so hat dieser Vergleich für ihn eine persönliche Relevanz.

Details
Ob grobe oder feingranulare Darstellung: Alles ist möglich. Ohnehin wird jedes Reporting zeitgemäß auf Basis der Einzeldatensätze aggregiert. Die Daten liegen somit bis zur niedrigsten Ebene vor. Da wäre es doch fahrlässig, dem Kunden keinen Drilldown bis zum einzelnen Telefongespräch anzubieten. Und wo man schon dabei ist, bieten sich Details zu »Wann wurde diese Telefonnummer zum ersten Mal angerufen?« oder »Wie hat sich die Anrufanzahl a) von und b) zu dieser Telefonnummer im Zeitverlauf entwickelt?« an.

Alleine durch die Mitwirkung des Nutzers bei der Darstellung erheben Sie ihn vom reinen Konsumenten, vom Empfänger der Zahlen zu einem Partner, der die Darstellung der Zahlen nach seinen Bedürfnissen und Wünschen gestalten kann. Völlig unabhängig von den Inhalten werden dadurch Akzeptanz und Nutzungsintensität gesteigert. Eine Kollaboration im besten Sinne also zwischen dem Ersteller bzw. Versender der Zahlen und den einzelnen Empfängern. Der Empfänger der Zahlen wird nahezu zum Ersteller, allein durch seine kontrollierenden Einflussmöglichkeiten.

Kurz sei noch ein Nebeneffekt dieser Mitgestaltung erwähnt: Wenn Zahlen so gestaltbar angeboten werden, ergibt sich für den Kunden Transparenz. Transparenz wiederum ist direkt verbunden mit Vertrauen und Zutrauen in diese Zahlen, da ja nichts verheimlicht wird. Ein fixes Aggregat ohne Transparenz wirkt distanzierend. Ein frei konfigurierbares Dashboard wirkt integrierend.

Und am Kapitelende noch ein Exkurs zur Zielgruppe: In den bisherigen Absätzen ging es immer um (End-)Kunden, die Ihr Unternehmen anspricht. Es ist noch zu erwähnen, dass alle Funktionen und Auswirkungen ebenso innerhalb von Unternehmen greifen, wenn sie etwa Reportings für ihr Management aufbereiten, Dashboards konstruieren oder Berichtssysteme für Projektfortschritte konzipieren.

Die Nutzer und Kunden lieben Detailinformationen.

Entscheidend für eine Akzeptanz von Informationsquellen ist die analytisch getriebene Detaillierung/Klassifizierung aller Informationen UND die Möglichkeit für die Nutzer und Kunden, hierauf in irgendeiner Weise selbst Einfluss nehmen zu können.

42. Kollisionen vermeiden

Die bisherigen Kapitel des Buches beschäftigten sich grundsätzlich mit zwei Gegenpolen, Widersprüchen oder gängigen Konfliktfeldern. In dem jeweiligen Kapitel habe ich aufgezeigt, dass für einen wirksamen Erfolg die Negierung einer der beiden Seiten nicht hilfreich ist, sondern es auf eine umfassende Bewertung beider Seiten ankommt. Haben Sie dies für Ihre Situation einmal konsequent getan, wirft Sie in nachfolgenden Diskussionen nichts mehr so leicht aus der Bahn. Sie haben dann eine eigene Position entwickelt, die Wirkung entfalten kann.

Sie mögen nun sagen: »Ja, wenn ich immer an alles denken muss und es nur ›ANDs‹ gibt, dann ist ja jedes Digitalisierungsprojekt eine kaum lösbare Mammutaufgabe. Und viel zu viele Menschen in meinem Umfeld haben nur ein bruchstückhaftes Bild von den einzelnen Polen.« Meistens träfen Sie auf Meinungsbildner, die eine feste Vorstellung haben oder zumindest vorgeben, eine solche zu haben.

Ich packe zu dieser Komplexität noch einen Punkt dazu. Auf dem Cover des Buches sehen Sie eine Illustration der einzelnen betrachteten Achsen. Mal ist die Entfernung etwas länger, mal etwas kürzer. Gemeinsam bilden sie ein dann doch schlüssiges, umfassendes Gebilde. Zwischen diesen Spannungsfeldern moderieren Sie die für Ihr Unternehmen und Ihre Situation beste Lösung. Beachten Sie, dass sich die Achsen nicht berühren, dass es keine Kollision beim Vermitteln zwischen den jeweiligen beiden Positionen mit anderen Achsen gibt. Es gibt eben keinen universell gültigen Zentralpunkt, aus dem alle Achsen entspringen oder an dem sich die Achsen treffen. Die daraus folgende freie Position der Achsen im Raum macht es auf der einen Seite schwerer, Orientierung zu finden, eröffnet auf der anderen Seite aber auch die Möglichkeit, Diskussionen freier und unabhängiger voneinander zu führen. Die Orientierung ergibt sich erst in der umfassenden Betrachtung aus einer etwas entfernteren Perspektive unter Kenntnis der innenliegenden Sichtweisen jeder Achse.

Die Vielfalt an möglichen Diskussionen ist unendlich und abhängig vom jeweiligen Unternehmen und Ihren konkreten Vorhaben.

Entscheidend für Ihren Erfolg ist der Mut, sich Diskussionen auf allen relevanten Achsen bzw. Themen einzeln zu stellen UND dabei dennoch das Gesamtbild für eine umfassend wirksame Lösung stets klar im Blick zu haben.

Schluss-
wort

In nunmehr 42 Kapiteln sind Sie mit mir durch ein Kaleidoskop unterschiedlichster Sichtweisen gegangen. Stets haben wir die verbindenden Elemente für umfassenden Erfolg gesucht. Unser Ziel hierbei war stets das Optimum für den Projekterfolg, für Kundenzentrierung und für eine ideale Nutzung der Möglichkeiten, die die Digitalisierung uns allen bietet.

Während ich diese Zeilen schreibe, grassiert das Corona-Virus weltweit. Da drängen sich zum Schluss einige Fragen auf, die beantwortet werden wollen.

Haben unsere aktuellen Erkenntnisse für die Zukunft überhaupt noch Bestand?

Es kommt darauf an. Wenn Sie unter Erkenntnissen lediglich Erfahrungen über Absatzzahlen, Kampagnenerfolge, saisonale Effekte und anderes operatives Wissen verstehen, so müssen diese vermutlich überdacht werden. Möglicherweise bleiben diese Erkenntnisse auch in Teilen unverändert gültig. Auf jeden Fall ist ihnen eine deutlich größere Unsicherheit zuzuschreiben. Anders ist es mit den Kapiteln dieses Buches. Wir haben uns in den einzelnen Betrachtungen eben nie von einer kurzfristigen, punktuellen Beantwortung einzelner operativer Fragen leiten lassen, sondern haben stets Grundsätzliches betrachtet: die Beziehung von Menschen untereinander, das nicht blinde Nachfolgen einzelner Trends, die umfassende Betrachtung sich zunächst widersprechender Perspektiven sowie die wirkliche Substanz und den überlegenen Mehrwert, die uns technologische Projekte liefern können.

Nur wer mit Kompass und klarem Kurs segelt, behält auch bei zeitweiser Flaute sein Ziel vor Augen und bei Sturm das Steuer fest in der Hand. Es wird eben künftig nicht mehr ausreichen, ein oder zwei Aspekte zügig und isoliert zu lösen, ohne eine umfassende Sicht entwickelt zu haben.

Die offensichtlich schnellen und bequemen Antworten auf isoliert betrachtete Fragen werden zunehmend entlarvt. Lösungen mit Substanz, getragen von der Loyalität zu den eigenen Überzeugungen, werden sich auch künftig als diejenigen behaupten, die nachhaltige Erfolge sicherstellen.

Sind Analytik und Digitalisierung überhaupt noch relevant für eine erfolgreiche Kundenzentrierung?

Es kommt darauf an. Wenn Sie unter Analytik das bequeme Outsourcen von »Kundenbedürfnisse erkennen« an die Technik verstehen und wenn für Sie Digitalisierung nur eine nette Möglichkeit zur Kosteneinsparung und Effizienzsteigerung ist, so werden Ihre Erfolge in der Kundenzentrierung überschaubar bleiben. Wenn Sie jedoch

- Kunden verstehen,
- achtsam mit Informationen umgehen und
- Respekt im Kundenumgang

als Maximen Ihrer Kundenzentrierung betrachten und sich davon bei all Ihren Entscheidungen leiten lassen, dann setzen Sie Analytik und Digitalisierung nicht als *Ersatz*, sondern als *Enabler* für diese Maximen ein, denen Sie ohne

Analytik und Digitalisierung nicht gerecht werden könnten. In diesem Fall brauchen Sie sich gar keine Sorgen zu machen. Sie sind Mitbewerbern klar überlegen, und es wird sich gerade in unwägbaren oder dynamischen Zeiten zeigen, welche Kunden Ihr Unternehmen an ihrer Seite als echten Partner wahrnehmen.

Sollten Sie in Ihrem Unternehmen (noch) nicht so loyal zu Ihren Kunden sein, dann kommt gerade aus unsicheren Zeiten ein gutes Momentum, Dinge grundsätzlich infrage zu stellen und Veränderungen ins Positive anzustoßen. Oberflächliche Erfolge gehören der Vergangenheit an.

Können bei derartigen Unsicherheiten über das Kundenverhalten überhaupt noch zielgerichtet Projekte aufgesetzt werden?

Und auch hier: Es kommt darauf an. Wenn Sie Projekte als unternehmenszentrierte, nach innen gerichtete Optimierung von Prozessen und Abläufen betrachten, verlieren Sie die aus meiner Sicht erfolgskritischste Dimension aus dem Blick – Ihre Kunden. Natürlich ist es einfacher und weniger komplex, wenn Sie sich nicht mit Ihren Kunden befassen (müssen). Und auch solche Projekte haben ihre Berechtigung – *auch* solche.

Gerade jetzt braucht es Mut und Entschlossenheit, längerfristige Projekte mit deutlichem Kundenfokus, gar mit Kundenzentrierung aufzusetzen. Wie weiter oben geschrieben – es braucht dazu einen klaren Kompass und eine klare Einstellung gegenüber Ihren Kunden. Haben Sie diese nicht, ist es völlig unerheblich, in welcher konjunkturellen Phase Sie Projekte aufsetzen – Sie werden damit keine nachhaltigen Erfolge erzielen. Entwickeln Sie daher – gerne animiert durch dieses Buch – die zu Ihrem Unternehmen passende, überlegene Haltung und Einstellung. Mit der richtigen Haltung ist immer der richtige Zeitpunkt, Projekte für Kundenzentrierung aufzusetzen.

Danksagung

Ohne wen wäre dieses Buch nicht möglich gewesen?

Mein Dank gilt allen Menschen, mit denen ich Eindrücke austauschen, Gespräche und Diskussionen führen konnte, sowie allen weiteren angebotenen Austauschformaten, die es mir über die Jahre ermöglicht haben, die vorgestellten Sichtweisen zu entwickeln und zu festigen. Die Zusammenarbeit, der Diskurs, die Debatte, die Projektarbeit, die Diskussion über Branchen- und Ländergrenzen hinweg sowie die Offenheit meiner Gesprächspartner haben mir durchweg Spaß gemacht, aber auch einiges an Konzentration und Ausdauer abverlangt.

Da Erfolg sich nicht von alleine einstellt, sondern von Willen, Umsicht, Fokussierung und Gestaltungswillen auch gegen Widerstände geprägt ist, gilt mein Dank und meine Anerkennung insbesondere denjenigen, die sich dem Erfolg in ihrem jeweiligen Umfeld in gleicher – teils unbequemer – (Sicht-)Weise verschrieben haben.

Mein Dank gilt auch Dr. Ursula Ruppert für ihr aufmerksames Lektorat und Guido Klütsch für die Gestaltung des Buchcovers und den Satz dieses Buches.

Und zu guter Letzt bin ich meiner Familie dankbar, die mich mit Verständnis und der Spiegelung einiger Gedanken ebenfalls unterstützt hat, insbesondere aber durch unzählige freigeräumte Zeitfenster die Erfüllung dieser Herzens- und Überzeugungstat unterstützt hat.

Stichwortverzeichnis

Abschlussstrecken	149	Competence Center	203
Abschlusswahrscheinlichkeit	35	Consultinghäuser	9, 67
Abstrahleffekte	148	Corona-Pandemie	23
Abstumpfung	118	Customer Intelligence	35
Achtsamkeit	130	Darstellungsform	215
Administration	38	Data-Lab	58
Ambidextrie	30	Datenkrake	36
analoge Kanäle	141	Denkräume	181
Analytik	57	digitale Kanäle	141
Angebotsrechner	54	Digitalisierung	57
Anpassungsfähigkeit	30	Dreiklang	186
Anschlussfähigkeit	183	Drilldown	216
Artificial Intelligence	134	Drittvertrieb	79
Arztpraxis	45	Effizienzsteigerung	177
Ausgestaltungsmöglichkeiten	156	Ehrenamt	45, 84
Auslastungsreporting	216	Einbahnstraße	113
Ausschreibungssituation	84	Einstellung	19
Ballast	199	Empathie	70, 115
Bauklötze	194	empathische Kommunikation	21
Beharrlichkeit	191	Energieversorger	144
Beidhändigkeit	30	Equalizer	213
Beitragsnachweise	185	Erfolgskontrolle	163
Beliebigkeit	158	Erfurt	15
Berater-Kunde-Beziehung	132	Ergebnisverantwortliche	183
Bewahren und fortführen	31	Erstimplementierung	144
Bewertungsmatrix	70	eventgetriggerte Ansprachen	129
Beziehungsfähigkeit	108	Expertenmeinung	76
Bodensatz	198	Expertenschätzung	129
Bonitätseinschätzungen	20	Expertenschätzungen	39
Chancenfenster	122	exploit and explore	30
Coach	42	Externalisierung des Kundenfokus	63
Commitment	188		

STICHWORTVERZEICHNIS

externe Kunden	62	interne Kunden	62
externer Leistungszukauf	104	Interpretationsspielraum	157
Fachexperten	158	intrinsische Motivation	32
fachliche Breite	76	Kabel-TV	22
Fadenkreuz	107	Kaffeevollautomat	45
Fashion-Anbieter	202	Kalkulation der Einzelpreise	173
Features	71	Kampagne	210
Feedback	112	Kampagnenpläne	37
fehlende Anschlussfähigkeit	87	kanalagnostisch	149
Festanstellung	89	Kanalreihenfolge	149
Finanzdienstleister	202	Kanalverzahnung	57
Framing	208	Klassifizierung	214
Fraternisierung	40	Know-how	119
Funktionsblöcke	175	Kompetenzanmutung	144
Gartenbau	45	Kontaktpunkte	152
Gastronom	116	Konzentrat	11
Gegenpole	218	KPI	151
Geisteshaltung	169	Kraftfahrtversicherung	80
gemeinsame KPI-Festlegung	159	Kreativität	36
Gesamtstory	56, 98	Kreuzbeziehungen	145
Gesamtverantwortung	60	Küchenteam	54
Gestaltungschance	167	Kundenzentrierung	57, 61, 211
Glaubwürdigkeit	40	Künstlerschemel	119
Grabenkämpfe	187	Laborarbeit	135
Great Fun – no Value	135	Landesregierung	45
Haltung	19	Leidenschaft	95
Handlung	162	Liefer-, Implementierungs- und Betriebsfähigkeit	78
Haustierzubehörhandel	144		
Horizont	89	Live-Landkarte	213
Hubschrauber-Rettungsteam	170	Look-, Feel- and Use-Lösung	175
Individualität	138	Lösungsanbieter	9, 67
Industrie-Analysten	76	Loyalisierungsprogramm	80
Initialkosten	144	Lupe	107
Innovationskraft	78	Maßnahmen	163
Innovationszirkel	181	Medien	10, 67
Insellösungen	183	»Mehr« an Zuhören	24
Interaktion	142	menschenwirksame Umsetzung	36

menschliche Empathie	22	Resilienz	33
menschlicher Impuls	20	Ressourcenaufwand	148
Methodenkompetenz	119	Ressourcenbereitsteller	56
Monokanalvertrieb	79	Ressourcenzuweisung	185
Multikanal-Interaktionsmanagement	79	Rettungshubschrauber	54
		Rising Star	77
Nachfassketten	58	Road of Proofs	193
Neugier	180	Ruine	195
Neuland	67	Saison	48
Nichteingliederung	88	Sandkastenspiel	64
Ölstandsanzeige	213	Schreinermeister	100
operatives CRM-System	39	Schuhgeschäft	45
Optimismus	48	Seekarte	54
Orientierung	219	Sehnsucht	95
Papstwahl	26	Selbstdarstellung	70
Partikularinteressen	70, 150, 187	Share-of-Wallet	39
Persona	37, 58	Sinnzusammenhang	60
Persönlichkeit	119	skalierbar	192
Planungssicherheit	37	skalierbare Nutzung	74
Plattformunternehmen	42	Skalierbarkeit	172
Preiswettkämpfe	181	Spenden	84
Priorisierung	39	Spielbegeisterung	180
Produkt sucht Kunde	129	Sprachassistenten	45
Produktmerkmalsvergleich	181	Standardisierung	177
Prognosegüte	35, 58	Startpunkt	11
Projektziel	60	Straßenmusiker	15
pseudo-agil	171	Strategie	167
Pseudomaßnahmen	125	Strategie-Hub	101
Qualität	138	Strategieverantwortliche	102
Quantität	138	Substanz- und Wirkungstabelle	28
Radar	106	substanzielle Partnerschaft	67
Referenzen	67, 71	Taktik	167
Regelkreislauf	163	taktische Aneinanderreihung	193
Reiseunternehmen	151	Telekommunikationsanbieter	201
Reisevertrieb	204	Telekommunikationsbranche	173
Relevanz	138	Terrain	120

STICHWORTVERZEICHNIS

Touchpoint	37	Versicherungsunternehmen	185
Transmissionsriemen	42	Vertragspartner	82
Transparenz	162	Vertriebschancen	111
Trendbegriffe	202	Vision	167
überlegenes Angebot	16	Warenkorb	45
Überschneidungspotenzial	202	Warenkorbabbrecher	58
Überzeugungstäter	96	Weitblick	106
Umorganisation	44	»Weniger« an Kommunikation	24
Unabhängigkeit	76	wetterfeste Burg	186
unbewusste Konnotation	209	Widgets	215
Ungnade des Projektgeschäfts	192	Wirksamkeit	157
Unverbindlichkeit	169	Wirkverluste	90
Use Cases	71	Zielverhalten	35
Veränderungsbereitschaft	68	Zielwolke	57
Veränderungswille	181	Ziffernblatt	189
Versandbestätigung	213	Zufriedenheitsbefragung	116
Verschlossenheit	180	zugesprochene Kompetenz	203
Versicherung	201	Zugeständnisse	84

Kontakt

- Sie haben Fragen zum Buch?
- Sie möchten gerne das Buch in Ihrem Umfeld einsetzen?
- Sie möchten sich über die Inhalte austauschen?

Gerne. Setzen Sie sich mit mir in Verbindung:

CHRISTIAN PETER
cp@sulona.com
+49 700 24 000 000
www.itdependsontheands.com